K.G.りぶれっと No. 32

日本の常識、世界の非常識
グローバル・スタンダードを考える

関西学院大学総合政策学部 ［編］

関西学院大学出版会

はじめに

　本書は 2012 年 6 月 15 日に、関西学院大学総合政策学部がある神戸三田キャンパス 2 号館 201 教室で開催されたパネル・ディスカッション「日本の常識、世界の非常識──グローバル・スタンダードを考える」の記録です。

　このパネル・ディスカッションは総合政策学部国際政策学科の先生方を中心に、以下のパネリストが参加して行われました。

西本昌二（総合政策学部国際政策学科教授；コンヴィーナー）
和気邦夫（総合政策学部特別客員教授）
鈴木英輔（総合政策学部国際政策学科教授）
小池洋次（総合政策学部総合政策学科教授）
Mark Douglas Sawyer（総合政策学部総合政策学科教授）
小西尚実（総合政策学部国際政策学科准教授）

　当日は先生方から、グローバル社会で活躍していくにはこれから何をしていけば良いのか？　国際舞台で活躍された経験をもとに「ガラパゴス化」する日本が直面するグローバルな課題と対応について議論しました。とくに、国際的な活動で学んだ世界の"常識"と、日本でいわゆる"常識"と思われているものとの違いをもとに、グローバル・スタンダードを自ら創り出すにはどうすればよいのか？　等について学生からの質問もまじえて議論が展開されました。

　その成果を広く伝えるため、今回、『K. G. りぶれっと』として出版いたします。皆さんがこれからのグローバル社会に活躍するのに、この本が参考になれば幸いです。

関西学院大学総合政策学部

目　次

はじめに 3

第1章　常識とは？ 7

第2章　カルチャー・ショックと常識・非常識 13

第3章　グローバル・スタンダードを創り出すには 21

第4章　Common sense as global standard 43

第5章　適材適所でなければ勝ち残れない時代になりつつある 49

第6章　世界から見た日本、そして日本人の課題 55

第7章　総合討論 63

第1章

常識とは？

西本昌二

▶君たちは参加者で、かつ主役です

西本 今日はお忙しいなか、このパネル・ディスカッションに参加していただいて、ありがとうございます。コンヴィーナーの西本です。

学生諸君は、私がなぜ「参加していただいて」という言葉を使ったのか、よく考えてください。これは、我々が高いところから君たちにレクチャーをする機会ではありません。ここにおられる5人の先生と私がいろいろな場面で遭遇した海外での経験と、日本においていわゆる"常識"と思われているものとの差について考えたことを君たちに話します。学生諸君からは、それを聞いて「それはおかしい」とか、「自分の経験はそうじゃない」という反対の意見や、我々への挑戦を期待しているわけです。君たちはまさしく参加者であり、主役であるわけです。そういうふうに理解してください。

先生方をご紹介します。右から順に、和気邦夫先生は総合政策学部には特別客員教授として来ておられます。川崎市のご出身です。ピッツバーグ大学で大学院を終えられ、1971年からユニセフにお勤めで

す。パキスタンやナイジェリアなどいろいろな場所を回られて、フィールド経験が非常に長い先生です。2000年からはUNFPA[1]の次長として、国連事務次長補（Assistant Secretary-General; ASG）というポジションにおられました。2007年まで都合36年間、国連にお勤めになり帰国されました。趣味はフライ・フィッシングです。虫に似せた疑似餌を毛や羽で作って、釣りあげるのが難しい魚にチャレンジする。また、アラスカのサーモンやハワイ沖のマグロなど大物を釣ったりされています。

　お隣は鈴木英輔先生です。神奈川県のご出身で、エール大学で法学博士の学位を取られました。ADB[2]で法律の専門家として、20年以上お勤めになりました。最終的には、エバリュエーション（evaluation）と呼びますが、評価局の局長をされて、総裁の特別顧問等をされたのですが、鈴木先生の趣味は何だと思いますか？　ポロ[3]です。馬に乗って球を撃つスポーツです。

　次がマーク・ソーヤー（Mark Douglas Sawyer）先生です。学部開設以来、異文化間コミュニケーションをご専門に教えておられます。カリフォルニアのご出身で、ハワイ大学でPh.D.をお取りになって、スウェーデン、ユーゴスラビア、ポルトガル、ギリシャなどで教鞭を

1　国連人口基金（United Nations Population Fund）：1967年人口活動信託基金として設立、1987年に現在の名称。世界的な人口問題の解決に向けた活動を行っている。本部はニューヨーク。
2　アジア開発銀行（Asian Development Bank）：アジア・大洋州の開発途上国の経済開発促進のため、1966年に設立。本部はマニラ。
3　馬に乗って、4人の選手が一組となって、現在はプラスチックの硬い直径8.3センチ、重さ113.4グラムの白いボールを長いスティックで打ち、ボールをゴールに入れる競技。馬に乗ってホッケーを行う、と考えれば感じがわかるでしょう。ただし、競技場ポロのピッチは横274メートル、幅146メートルというサッカーのピッチが5面も入る広場で、ポロ馬を走らせて球を打つのですから、比較にならないほどのすばらしい快感を覚えます。ポロの歴史は古く、BC600年にすでにペルシャで行われており、日本には朝鮮を経て中国から打毬として紹介されました。宮廷行事として奈良・平安時代には

取られました。趣味は、ピアノ演奏を含む音楽だそうです。

そのお隣が小池洋次先生で、和歌山県のご出身です。日本経済新聞社にお勤めになられました。とくに国際畑でのお仕事が長く、シンガポール支局長、ワシントン支局長等を経て、日経ヨーロッパ社の社長等を歴任されました。ご趣味はフルマラソンです。

その次が小西尚実先生です。紅一点ですけれども、神戸女学院大、京都大学大学院、イギリスの London School of Economics を出て、外資系企業の人事部で勤務された後、国連ILO[4]ジュネーヴ本部やアジア開発銀行（ADB）で人事の採用や育成の仕事をされました。ADBでは総裁補佐官をお勤めになりました。人材開発やダイバーシティ・マネージメント（diversity management）等が研究分野で、趣味はガーデニングと子育てです。

私は西本昌二です。堺市出身で、大阪大学とハワイ大学の大学院を出てから、UN-ESCAP[5]、FAO[6]、ADB、UNDP[7]等で開発支援に30年以上たずさわってきました。現在の趣味はクレー射撃とハンティングです。

よく見られたようです。その後衰退して、江戸時代第8代将軍徳川吉宗が復活させ、20世紀初頭までさかんに行われました。最後の将軍慶喜の得意とする競技でした。ラルフ・ローレンのポロ・シャツを見ると、数字の3がシャツの胸や腕の上部についてますね。「3」以外にありません。ポロのチームで最もうまい選手がキャプテンになり、その人がNo. 3の数字のシャツを着るからです。残念ながら、現在日本ではポロはできません。

4　ILO（International Labour Organization）国際労働機関：世界の労働条件と生活水準の改善を目的とする国連最初の専門機関、1919年創設。

5　UN-ESCAP（United Nations Economic and Social Commission for Asia and the Pacific）：国際連合アジア太平洋経済社会委員会。地域経済委員会の一つとして1947年3月設立。

6　FAO（Food and Agriculture Organization of the United Nations）：国連食糧農業機関。ローマに本部。1945年設立。

7　UNDP（United Nations Development Programme）：国連開発計画。開発途上国に様々な支援を行う専門機関。本部はニューヨーク。1966年設立。

▶"集団"と"常識"

　西本　今日の話題は"常識"です。我々人類は有史以来、集団をなして生活をしてきました。我々は独りでは生きていけない動物です。身の安全や食料の確保など、初歩的な目的があったにしても、独りより集団を形成したほうが有利だと認識しながら進化してきたと思うのです。

　これはサルもライオンも同じです。しかしその一方で、集団のメンバーの一員となったら、集団の掟や規律のようなものに従う必要がでてきます。人間は様々な政治経済体制を経験してきましたが、そこでは常に全体の権力を持つ人の存在と、個人の自由というものが相反することが多かったと思います。

　常識とは、集団社会が生活をしていくうえで、大多数が「そんなものだろう」「妥当だ」と認める規範のようなものです。しかし、その背後にある、それを作っている権力者の影響を無視することはできません。たとえば研究演習のゼミで「常識とはどういうものですか？」と聞いたら、「それは、みんなが作るものです」という答えが返ってきたのです。「うーん、ちょっと待ってよ」と。そうじゃないでしょう。たとえば、日本で携帯電話を買う時には、住民票が要ります。こんな国は珍しい。これが「日本での常識」です。

　たとえば、僕がフィリピンとかタイで携帯電話を売っている店に入って、「これ、ちょうだい」と言うとすぐに売ってくれます。それが「向こうの常識」です。それが日本では、住民票がないと携帯電話も買えない。というように、いろんな意味で、日本ではお上主導の常識がはびこり、民間企業でもいろいろなかたちで政府からの指導や行政の制約を受けています。そういうことで、「日本はかなりお上主導の国だ」という発言が、これからいろいろな先生方のお話にでてくると

思います。

　さて、今日のパネル・ディスカッションですが、和気先生と私は国連勤務の最後の数年間、ニューヨークで同僚として働いていました。日本に戻ってから、「和気先生、最近いかがですか？」と聞いたら、「いや、もう大変なんだよ。日本では、自分たちが今まで海外で生活したなかで常識だと思っていたことが通用しないんだよね」という話になりました。「国際機関に勤務した者と、国内の常識はかなり離れているね」ということで、それでは"浦島太郎"になった我々が本国の常識に一度チャレンジしてみようではないか、それなら他の先生方もお招きしようということになりました。これはけっして"日本バッシング"ではありません。要するに、常識とは時代と場所によって変化するものだと認識してもらいたいのです。

　日本の常識にも良いものがあります。ケニアの環境大臣だったマータイさん[8]という有名な方がいましたね。「MOTTAINAI（もったいない）」というコンセプトを世界に広げました。お亡くなりになりましたが、アフリカの女性が日本語を取り上げて「もったいない協会」なんて作ってしまった。つまり、「もったいない」は世界に通用する。そういう良いものを、なぜもっと強く世界に発信しないのか？　受け入れてもらわないのか？　他にもたくさん日本の良いところはあると思うのです。そういう話題について、和気先生から順番にお話していただきます。

8　マータイさん（Wangari Muta Maathai; 1940〜2011）：ケニアの環境保護運動家・政治家。2004年にノーベル平和賞受賞。

第2章

カルチャー・ショックと常識・非常識

和気邦夫

▶カルチャー・ショックを感じる時

和気 西本先生とは国連の会議で同じひな壇に座ることもありました。彼はUNDPを代表して、僕はUNFPAを代表して、国連の会議に出席していました。そんな仲だったので、この機会にパネルをまたシェアすることを非常に幸運に思っています。それから私の学生や、久保田先生を始めとする先生方にもご参加いただき、光栄に思います。

私は40年間、7カ国で生活し、任地が変わるたびにカルチャー・ショックを経験してきました。どんなに長く海外生活を経験していても、国が変わればカルチャー・ショックからは逃れられないと思っています。文化、価値観の違い、人間の行動、社会の違い、そういったことからカルチャー・ショックを受けてきました。皆さんもこれから経験すると思いますが、それは非常に自然なことだと思っています。

2年前に日本に帰り、神戸に落ち着き、今、関西について学んでいます。私は東京出身で関西のことはよく知らないのですが、とくに大阪の文化に興味をもっています。西本先生の出身地の堺市には非常に

興味がありますね。文化、行動様式という観点では、大阪のおばちゃんにも非常に興味をもっています。それから、橋下さん[9]の政治的な動きには注目しています。私は、日本を変革するうえで大阪の役割は大きいと思っています。

私は一昨年日本に帰ってきましたが、今までに一番ショックだったのは、東日本大震災と原発事故でした。当時、本の原稿を書きながら家でよくテレビを観ていました。そして、フェイスブックで、世界中の国連の友人たちに「日本でこういうことが起きて、こういうふうな報道をされている」と発信していました。発信しているうちに、非常に怒りやフラストレーションを感じたことが多かったです。これは、カルチャー・ショック以上の経験になりました。

そこで見たのは日本の社会のもろさ、醜さでした。それと同時に、世界で認められたのは、日本人や日本の社会のすばらしさでした。被災者が皆黙々と列を作って、配給を待っている姿は世界の人々の心を打ちました。私はインドやナイジェリア等で仕事をしていましたが、そういうところでは、必ずしも見られないようなすばらしさだったと思います。

私にとってショックだったのは、日本の今の指導者に、危機管理能力とリーダーシップ能力が欠如していたことでした。首相官邸、安全保安院、東京電力の指導者たちのお粗末な対応にはびっくりしました。市民に情報を与えないエリートの悪い体質と、国民の利益をないがしろにする日本の支配体制へ怒りさえ感じ、そういった感想をツイッターで発信していました。

今の日本のリーダーの倫理観の欠如も感じました。皆さんは新渡戸稲造[10]という人を知っていると思います。武士道について英語ですばら

---

[9] 橋下徹：1969年生まれ。2008年2月大阪府知事就任、2011年10月大阪府知事辞任、同年12月大阪市長就任。現在、日本維新の会共同代表。

しい文章を書いた明治のリーダーです。アメリカの大学に留学中に彼の英語の文章を読んだことがありましたが、文章の格調が非常に高かったのに感心したのを覚えています。そういう人たちが明治時代にリーダーシップを取っていたことに比べて、今の日本のリーダーの倫理観はおかしいと思いました。自分の保身と自分の組織の利害だけしか考えられない、お粗末な指導者が多いのにはがっかりしました。それから、政府の道具に成り下がっているマスコミは自主規制をして、実情を我々に伝えなかったのではないかと思っています。政府の要望に応えて、きれいごとで済まそうとしたのではないでしょうか。

　日本の政府や東電、さらに日本のメディアにも不信感を覚えた私は、インターネットで世界中のウェブサイトを見て、日本の雑誌には載らないような、劇的な写真を見ていました。日本の記者クラブという制度も良くないし、日本の多くのマスメディアが政府の御用メディアに成り下がっていることを強く感じました。

▶「内輪のことだから、他人は口を出さない」は非常識

　和気　2011年の東日本大震災がもたらした大災害で、日本国民は政府に対して不信感をもつようになったと思います。重要な情報は隠すうえ、市民の見識を馬鹿にした政府の態度を国民は強く感じました。国民の教育水準が高いのに、「パニックを起こすのではないか」と情報をシェアしませんでした。アメリカの80km以内の避難の判断[11]は正しかったと思います。すでに原子炉が溶融を起こし、放射性物質を出していたので、20kmとか10kmとか、そういう問題ではなかっ

10　新渡戸稲造（1862〜1933）：農学者、農政家、法学者、教育家。国際連盟事務次長としても活躍。
11　アメリカの80km以内の避難の判断：2011年3月16日、東日本大震災による福島第一原発事故の発生について、アメリカ国防総省は軍関係者に原発から50マイル（約80km）圏内の立ち入りを禁止した。

たと思います。実際にメルトダウンが起こっていたことを、専門家は知っていたのです。その可能性に触れた官僚が左遷されたのを、皆さんも覚えていると思います。

　原発の事故は人災であったことがはっきりした今になっても、政府の役人も、東京電力（東電）の役員も、誰も個人として、また組織としての責任を取っていないということが非常に驚きです。最近のニュースで、東電の株主が役員に対して訴訟を起こしていることを知りました。刑事責任を追及されてもおかしくない状況だと思うのですが、補償が充分でない場合は、東電に対する民事訴訟が起こる可能性もあると思います。

　日本の常識では、「これは内輪の問題だから、政府は日本国民をどう扱ってもかまわない」と。この考え方は、家族のなかでの子どもの虐待や、家庭内暴力に少し似ています。「内輪のことだから、他人は口を出さないでも良い」という考えが、今でも日本社会にはびこっています。しかし、これはやはり世界の常識ではないことを認識する必要があります。

　原発の事故で僕が感じたのは、日本が国際水準を考えることなく、日本国民を危険にさらした場合は、日本のリーダーは「crime against humanity」、いわゆる「人類に対する犯罪」として責任を問われることになる可能性もあるのではないかということです。当時、世界中の人たちが日本で起きていることに注目していました。私はツイッターで、世界基準で日本国民を放射線から守るのは日本政府の責任であり、国際社会の義務であるとつぶやいていました。その場合 IAEA[12]のような国際機関の基準が重要になってきます。

　「子どもの権利条約」についても、子どもの権利は国際条約で決め

12　IAEA（International Atomic Energy Agency）国際原子力機関：原子力の平和利用の促進と軍事利用の防止を目的とする国連機関で、本部はウィーン。1957 年設立。

られていて、日本も批准しています。そのため法的な拘束力があるわけです。そういう観点からすれば、これからの日本はガバナンス（governance: 統治）、トランスペアレンシー（transparency: 透明性）、アカウンタビリティ（accountability: 説明責任）、コンプライアンス（compliance: 法令順守／責任履行）等に対して、国際スタンダードにもとづいて対応しないと、他の国から責任を追及されたり、国内でも刑事責任まで取らされることになります。皆さんもこれから会社に入って、たとえ会社のためであったとしても、倫理観に反した社会的に悪いことをしたら刑事責任をとらされることもあることを覚えておいてください。良い例が、オリンパス[13]の元社長と役員です。大王製紙[14]の元会長も、ギャンブルで会社のお金を使ってしまい、刑事責任を追求されています。「株式会社は資金を広く国民から集めている公的な組織である」と認識することが大切です。

　私たちが東日本大震災で学んだことは、自分たちで知識と意識を高め、自分で判断して身を守ることの大切さです。釜石の小学校の生徒たちは自分で判断して、自分で高台に上って全員助かったのです。みんな家に帰って、祖父や祖母の命も助けました。政府や他人の判断を待たないですぐ行動した人たちが助かったことから、我々自身の意識を高め、独立自尊で生きる大切さも学んだと思います。学校での防災教育もしっかりやっていかなくてはいけないと思います。

　橋下大阪市長が発言しているように、日本の統治体制を変える必要があると思います。日本のエリートは自分の既得権にしがみつき、国民の福祉をあまり考えてこなかった。「日本のリーダーは倫理観もな

---

[13] オリンパス株式会社：光学・医療用機器が主力の精密機器製造業。大正8年（1919）設立。バブル崩壊などによる1000億円以上の有価証券の含み損隠しが発覚、元社長らが逮捕、起訴されました。

[14] 大王製紙株式会社：パルプ・紙製品製造業。2011年に、会長が子会社7社から個人的な使途不明金借り入れが発覚、引責辞任。

い人が多く、自分の組織と自分の利益しか考えていない」という印象を与えたことに、私はとてもがっかりしました。グローバル化した世界で生きるには、日本人の意識はまだまだ低いと思います。僕は、バングラデシュの未亡人とか、開発途上国でいろいろな貧しい人たちのために働いていましたが、まず知識と意識を高めることから始めて、次にグループを作って、政治的な力をつけていくようなことをしてきました。そんなことが今の日本の市民にも求められている気がします。

　たとえば、大阪維新の会[15]の動きは国民の不満を反映していると思いますが、地方から日本改造を進める力として注目に値します。徳川幕府の役人のような東京のエリートは、現存の制度体制を守ろうとしています。変革を求めても、旧体制を必死になって守ろうとするでしょうから、やはり大阪などの地方から改革の運動を起こす必要があります。明治維新の時も、薩摩、長州、土佐、そういうところの下級役人が日本の改革を成功させる原動力になっていました。私は、地方の若者と女性の役割に期待しています。

　グローバル化に対応するということは、まず自分が独立心、自尊心をもって、しっかりした個人になることと、もう一つ、組織をしっかりさせて、良きリーダーを育てることだと思っています。それが、これからのグローバル化に対する一番の方策だと思います。

　私が関西学院大学で教えていて非常にうれしく思うのは、この大学が世界の常識を知る良き世界市民を育てることをモットーにしていることです。私自身も国際社会で活躍する日本人のリーダーを育てるという目的を持っています。もう70歳近い隠居の身ですが、そういった目的で教える機会をいただき、非常にうれしく思います。学生諸君には国際感覚をもって、国際的な常識を身に付けて、バランス感覚の

15　大阪維新の会：橋下徹大阪府知事（当時）が2010年4月に結成した地域政治団体。「大阪都構想」を提唱。

良い国際人として世界で活躍していただきたいと思います。

西本 ありがとうございました。和気先生にはまた後で、国際機関がいわゆる世界的な、グローバルな規範の作成にどれほど努力をしているかをインターベンション（intervention）していただいたらありがたいと思います。では、次は鈴木先生です。

第3章

グローバル・スタンダードを創り出すには

鈴木英輔

▶力ある者がグローバル・スタンダードを創る

鈴木 僕が言いたいことは「グローバル・スタンダードを創り出す力」という題でブログに載せてあります。少し長いかもしれませんが、それを読んでいただければ、基本的な考えというのはわかると思いますので、この章の後半に再録します。

さて、私は国際関係を教えているわけですが、日本の常識で、かつ世界の非常識という典型的な例を考えると、憲法第9条第2項です。「陸海空軍その他の戦力は、これを保持しない。国の交戦力は、これを認めない」という規定は世界に類を見ないものです。現在の国連加盟国193カ国のうち日本だけが、主権国家としてのこの権利を自ら放棄しているのです。このような規範はグローバル・スタンダードになりえません。グローバル・スタンダードというのは、それがプライベート・セクターの私企業であろうと、公的な分野での政府であろうと、力のある者が新たなルールや行動規範を作っていくのです。それが現実です。国際関係では力、軍事力があるということが、どれほど

の国力の差を作っていくかという典型的な一つの例だと思います。

　この春（2012年3月）に定年退職した京都大学の国際政治学者、中西輝政教授が嘆いたことは、そういう「常識」のある日本において国際政治学を学ぶとか、研究するということは、あたかも「サウジアラビアで水力発電を学ぶ」のと同じである、ということです。日本はたまたま島国です。「井の中の蛙（かわず）、大海を知らず」というもともと中国の荘子に由来する言葉がありますが、この言葉は文字どおりの意味をあらわします。それを、日本ではあえて日本的に換えてしまう。「井の中の蛙、大海を知らず。されど、空の深さを知る」と、日本的に意味をまったく逆転させるわけです。それが日本の常識なのですが、逆に言えば世界の非常識なわけです。

　日本のプロ・ゴルファーと同じです。海外に行って戦う必要がないのです。同じような力を持つ選手ばかりが出場する日本国内のツアーに出ていれば、じゅうぶん賞金がとれて、国外に行く必要がないのです。「空の深さを知る」と言って自己満足をしているのが「日本の常識」なのです。

　そういうことをやめて、力をつけて、日本としての世界のグローバル・スタンダードの作成・創成に貢献するにはどうしたら良いのか、一人ひとりがもう一度考え直すと良いと思います。そこで重要なのは、グローバル・スタンダードですから、より多くの人に受け入れられることです。向こうから自発的に「ああ、良いな」と認識してもらい、受け入れてもらう。そのためには最低限、何をするにしても日本のやり方が外の世界にも開いていなければ、受け入れてくれないでしょう。

　狭隘な心、単に日本の消費者が喜ぶからだけでは、世界に通用しま

16　中西輝政「石原発言が問うものと憲法改正の敵」『正論』産経新聞社、2012年6月号、73頁。

せん。その典型的な例が、日本の「携帯」の文化でしょう。まったくの失敗だったのです。その意味で、外に向かって開いている文化、開けている考慮の仕方、それが人間関係を形成するうえで、最低限の要件だと思います。

　行動は、個人個人の心のなかから始まるのです。第一歩を踏み出すためには、一人ひとり自分の心、それぞれの決意だと思います。

　西本　ありがとうございました。鈴木先生は、国際機関のガバナンス等についても、いろいろなところで意見を発表されています。国際機関、とくに国連の青い旗には「逆らえない」というか、「反対できない」というように、「国連イコール真理／Truth」のような印象があるとしたら、それは大間違いです。国連もドロドロした、汚い交渉やネゴシエーションが常に行われているところです。そこでは、やはり力のある者の意見が通ってしまう。国連決議や、国際会議での議長発表、さらには何かのデクラレーション（declaration）等というかたちで一度採択されてしまうと、あたかもそれが国際的な常識のようになるのです。

　「それで良いのか？」という意見は当然あるわけです。日本がそれにうまく参加して、自分たちの意見をどこまで皆が納得するように説明できているのか？　たとえば捕鯨の話がありますね。クジラを捕って食べるという文化が日本にあるにもかかわらず、あたかも血を見るのが好きな野蛮な人間だという印象をあたえるような報道をされてしまう。そういう場に出かけて、きちんと説明できているのか？　僕は、残念ながら、できていないと思うのです。この問題も含めて、また後ほど、鈴木先生にご意見を聞きたいと思います。では、次は、プロフェッサー・マーク・ソーヤーにお願いします。

■□■鈴木英輔研究室ブログより--

グローバル・スタンダードを創り出す力[17]

　最近だれもが口にし始めたグローバル・スタンダードとは、一体何なのでしょうか？　スタンダードというのは日本でもよく見かける言葉です。規格、水準、標準、基準等いろいろあります。そのすべてが表示するものは、特定の対象物に対して満たすべき最低限または最高限の要求値の義務化です。つまり（1）造るべき物が内包する原料・化学物質の量や品質、（2）執るべき行動・行為が達すべき内容（出力、速度、距離、高度、深度、消費量、燃焼率等）、（3）使用（消費）する物の状態（新鮮度、消耗期限、耐久期限、重量制限、耐熱制限等）によって義務化される満たすべき最低限または最高限の要求値は様々です。

　それでは、どこで、誰によってこれらの基準は作られるのでしょうか？　国内的に考えれば、まず第一に、それぞれの業界の動きを把握している所管官庁や公共の安全・事故防止を所管業務とする官庁です。しかし、適当な「公」の組織がルールを作り上げなければ、特定の業界内で有力な「私」の企業が自らの利益を保護するために、新たなルールを作り出します。そうなった場合、当該ルールは「私」の組織の意思決定なのですが、そのルールによって規制される同じ業界の企業やその取引相手にとっては、この当該ルールは正に強制力をもち充分な権威があるゆえに、誰もがその新しいルールに従わずにおれなくなるという現実です。[18]

---

[17]　鈴木英輔研究室ブログ「国家と『世界市民』――グローバル社会のパラドックス」（2013/01/8 投稿）から再録（http://kg-sps.jp/blogs/e_suzuki/files/2013/01/3e788f01f456306ce30dbe38ac9ecf741.docx）。

[18]　H. D. Lasswell & M. S. McDougal, Jurisprudence for a Free Society, *Studies in Law, Science and Policy*, p. 368（Leiden/Boston: Martinus Nijhoff Publishers, 2011）と S. Hobe, The Role of Non-State Actors, in Particular of NGOs, in Non-Contractual Law-Making and the Development of Customary International Law, in R. Wolfrum & V. Röben（eds.）*Development of International Law in Treaty Making*（Berlin/New York: Springer, 2005）, p. 319 参照。

もちろん、民主主義社会での政策作成過程には製造に携わる企業のみならず、その造られたものを使用・消費する消費者も入ってきます。基準の対象になった物に対して利害関係を持つ人たちがそれぞれ意見を述べ、各々の利害を調節・集約して行くプロセスです。最終的には、担当所管官庁の認可を受けることになります。それでも、やはり大事なのは、「公」のプロセスに入る以前の段階での「利害の調節・集約」の段階でしょう。ここに参加する個人、集団、組織・団体はそれぞれ「私」の立場から、どのような基準がよいのか発言するわけです。声の大きい人、理路整然と討論できる人、組織力を持って多数の人と団体を全国から動員できる組織、特定分野に関しての知識・経験の豊かな団体、研究・開発を担う財力がある団体等多種多様な個人、集団、組織・団体が行動を起こすわけです。そのようなプロセスのなかで現実に影響力を持ち、利害が競合する意見を集約していける組織・団体は、「力」と「権威」のある組織・団体です。
　つまり、どの世の中でも強者が弱者を制するわけです。とは言っても、これは国内の政治場裏ですから、法律上の強制力を持った国家の組織が存在しています。したがって、たとえその強者が「力」と「権威」を振りかざしたくても、「公」の静かな監視の前では強者の行動にも規制が効くことになっています。大事なことは、大小を問わず、利害関係を持つ者がその対象となる物の基準作成に参加できるということです。では、グローバル・スタンダードの場合はどうでしょう。

I

　2012年現在、国際連合の加盟国（つまり「主権国家」として既存の主権国家から承認された国家）は193カ国存在します。これに、いまだ「主権国家」として承認されていなくても事実上「国家」として内外的に行動をとっている国を数えれば、200近くになるのが現実です。このなかには、かつての安全保障理事会の常任理事国であった「中華民国」（台湾）、セルビアから分離した「コソボ共和国」等があります。そのような大きな

■□■鈴木英輔研究室ブログより--

　普遍的な国際組織のなかで、たとえ「主権平等原則」のもとで構成されている組織でも、実際に「力」と「権威」の有る国、無い国は当然存在します。まして国際社会には主権国家の上に立つ中央集権的な強制力を持った統治機構が存在しません。トーマス・ホッブスのいう「無政府状態」なのです[19]。21世紀になって国際組織が調節力や統制力を増大したといっても、所詮、主権国家がその国際政治の「国益」の保全・増大という対外政策を曲げることはあり得ないのが実情です。

　たとえば、現在進行中であるシリアの内戦状態のような、反政府運動にまつわる国内混乱が内戦にまで拡大して、すでに「国際的関心事」となっているのにも拘らず、国連憲章第2条第7項（国内管轄事項）を楯に常任理事国の拒否権行使のために安全保障理事会が介入できないという事実が、「大国の一致原則」の創りだす機構的な無力さを如実に語っています。それでも、グローバル・スタンダードは作られ、その基準に合わせるように国際社会から要求されるわけです。誰が国際基準を作り、その遵守を要求するのでしょうか。少し歴史を遡ってみましょう。

　日本の開国の時期を思い出してください。まさに幕末の時代です。あの眠れる獅子といわれた大国、清がもろくもアヘン戦争（1839～42年）でイギリスに敗れたというニュースが伝わってきていました。四面海に囲められている日本は海防にもっと積極的に備えなければならないと考えられた時代です。そうしているうちにペリー提督が浦賀沖に黒船四隻を引き連れて来訪したのです。1853年のことです。翌年日米和親条約を結ばされ、日本は正式に開国をしたわけです。開国したのですから、通商・交易を始めなければなりません。ただし、好んで開国をしたわけではなかったので、幕府はあの手、この手を使って時間稼ぎをしましたが、結局万策尽きて1858年に日米修好通商条約を結ばされました。この条約は、後に明らかになるように当時の「グローバル・スタンダード」を表示していたのです。それは、三つありました。

---

[19] トーマス・ホッブス『レヴァイアサン』（水田洋訳：改訳版）岩波書店、1992年。

第一に、現在、「主権国家」として「他の国」から承認されなければ国連の加盟国になれないのと同じように、18世紀後半以降の世界のなかで、「大航海時代」を拓いてきた技術、知識、財力と未知の世界へ行くという気概を持っていた「文明国」と認められる「国」だけが同等の待遇を受けられるという「グローバル・スタンダード」を教わりました。つまり、柄谷行人が言うように、「主権国家という観念は、主権国家として認められない国ならば、支配されてもよいことを含意する。ヨーロッパの世界侵略・植民地支配を支えたのはこの考えである。ゆえに、そのような支配から脱するためには、諸国は自ら、主権国家であると主張し、それを西洋列強に承認させなければならない」[20]。つまり、「文明国」として承認されないということは、自らの「国際的水準」に見合う統治能力を否定されることでした。

　第二に、「文明国」として承認されなかったことを受けて、日米修好通商条約は、日本にとって「治外法権」の設定を許し、かつ「関税自主権の喪失」を受け入れなければならなかった、という屈辱でした。この屈辱的な条約を「不平等条約」と呼びました。この条約を改正するために、治外法権、つまり「領事裁判権」の撤廃は1894年の日英通商航海条約の締結を待たなければ成し遂げることはできませんでした。関税自主権の方は、さらに1911年まで交渉を重ねる努力を強いられたのです。この不平等条約の種本がどこにあったかといえば、オックスフォード大学の歴史学の碩学、JM・ロバーツがいみじくも言った「アジアと西洋との100年戦争」[21]の始まりであった、イギリスと清との間のアヘン戦争を終結させた南京条約でした。

　第三に、他の国が「文明国」であるかどうかの判断を下す国々は、その仲間内のどの国でもより良い条件で第三国と条約を結んだ時には、同じ様に良い待遇を他の仲間同士に与えることにするという条文を「非文明国」との条約に入れることでした。これを「最恵国待遇条項」（Most Favoured

---

[20]　柄谷行人『世界史の構造』岩波書店、2010年、249頁。
[21]　J. M. Roberts, *The Penguin History of the World*, Penguin Books, 1995, p. 802.

Nation Treatment Clause）と言います。この最恵国待遇原則も、18世紀後半からのグローバル・スタンダードなのです。[22] 日米和親条約第9条には以下のように規定されていました。

　日本政府、外國人へ当節亞墨利加人へ差し許さず候廉相許し候節は亞墨利加人へも同様差し許し申すべし。右に付、談判猶豫致さず候事。
（かどあい）

しかしこの日本語の条文はあまりにも簡潔で以下に引用する英語の条文の意味を伝えていないようです。

　It is agreed, that if at any future day the government of Japan shall grant to any other Nation or Nations privileges and advantages which are not herein granted to the United States, and the Citizens thereof, that these same privileges and advantages shall be granted likewise to the United States, and to the Citizens thereof, without any consultation or delay."

この第9条には、アメリカが他の諸国により良い特権や待遇を与えた時には、同じように日本にも同等な特権や待遇を与えるとは規定されていません。この「最恵国待遇」原則も、米国に一方的に利益をもたらすための不平等極まりない条文だったのです。その結果、次々と西欧の列強と「不平等条約」が結ばれたのでした。

　以上のエピソードからもわかるように全ての行動規範というものは基本的に力の強い者が定めていくものです。私はこの慣行を「先駆者のルール」と呼んでいます。[23] 国際社会に於いて特定の権力、武力、財力、知識、

---

[22] S. K. Hornbeck, The Most-Favored-Nation Clause, *Am. J. Int'l L.* 395（No. 2）, 619（No. 3）, 797（No. 4）(1909).
[23] 鈴木英輔「日本の『国際関係』に取り組む姿勢」小西尚美（編）『グローバル社会の国際政策』関西学院大学出版会、2011年、77、94-95頁。

技術、気概、信用、尊敬、体力、倫理観等の総合的な力を持つ国がある特定な行動をとることによって作り出す規範です。そして同じような行動をとれる国々と共有する規範です。ここで重要なのは、国際社会において「先駆者」と同じ行為行動を「遅れて来た者」が行うことは許されますが、その許容期間は先駆者が新たなルールを作り出すまでという「先駆者」のルールがあることです。

　それと同時に「先駆者」は自分が作ったルールを変更する力も持っています。第一次世界大戦後のヴェルサイユ講和会議では、日本はその無知をさらけ出しました。「遅く来た者」である日本は、「先駆者」西洋諸国の間でますます正当性と実効性を持ち始めた新しい理念である「平和主義」「国際協調」等、「主権尊重」や「領土保全」を理解するのには、「先駆者」の西欧諸国との間にあまりにも大きな経験的な隔たりがありました。その結果、ヴェルサイユ講和会議で日本は欧米の関心事である新しい理念に理解がなく、「サイレント・パートナー」と揶揄されます。[24]

　日本のように「遅れて来た者」の悲哀は、追いつくことに忙しくて、その間に新たなゲームのルールが作り出されることに無頓着なことでした。戦に勝てば「先駆者」と同じようにその代償を獲るのは当然だ、という主張は「遅れて来た者」が広く持っていた期待でした。その主張は日清戦争後に1895年の「三国干渉」という「先駆者」の要求によってもろくも砕かれました。日本は遼東半島の割譲に失敗しました。この「三国干渉」の当事者は何をしたかといえば、「遅れて来た者」日本に否定したことを平然と成し遂げたのでした。ロシアは1886年に東清鉄道の敷設権を獲得し、同じ年に旅順・大連を租借地とします。ドイツは1898年に膠州湾を租借し、山東半島を横断する鉄道の敷設権を得たし、フランスは1895年に雲南近辺に鉄道敷設権を獲得して、1899年には広州湾を租借したのでした。

---

[24] 篠原初枝『国際連盟――世界平和への夢と挫折』中公新書、2010年、62頁。

さらに、見逃してならないのは、新しいルールが成立しても、「先駆者」は古いルールのもとで取得した果実を引き続き楽しめるという「先駆者のルール」です。イギリスが 1842 年にアヘン戦争の「戦利品」として手にして、イギリスの植民地となった香港は 1997 年まで待たなければ中国に返還されませんでした。155 年後です。最近の例では、1970 年に発効した核拡散防止条約が典型的です。1967 年 1 月 1 日の時点で核兵器を保持している国は「核兵器国」として、核兵器を保持することを許されているわけです。[25] これは自由主義に内在する一面です。自由で規制が無いところでは、力のある者が競争・勝負に打ち勝っていくのです。それは次第に「覇者の論理」となります。当然、「依らば大樹」や「強き者に巻かれろ」のように、覇者と共に利益を得ようとする者が出現するのも理解できます。

　そのように「弱き者」が「強き者」へ媚びるという流れも、「強き者」が自分の教義・主義を広め、受け入れられるために操る「教宣」であり、宣伝、奨励・増進する活動の結果でしょう。それがソフト・パワーといわれるもので、一つの国の総合的な「力」となるものです。ただし、なぜ、このソフト・パワーに効力があるかといえば、そのソフト・パワーにハード・パワーの裏づけが担保されているからです。その裏づけがないカルタゴは滅びるのです。

II

　一つ良い例を挙げましょう。欧米の文明や思想史では、「ユダヤ、ギリシャ、キリスト教の伝統」("the Judeo/Greco/Christian tradition") という表現を頻繁に目にします。この表現方法にも恣意的な選択がなされています。なぜならば、回教徒であったサラセン帝国とオスマン・トルコ帝国はギリシャ文明遺産の欠かせない継承者でした。サラセン帝国の統治下でギリシャの古典が次々とアラビア語に翻訳され、さらに、それがラテン語に

---

[25] The Treaty on the Non-Proliferation of Nuclear Weapons, *available at* 〈http://www.un.org/en/conf/npt/2005/npttreaty.html〉.

翻訳されてギリシャ文明が護られてきたのです。イスラム文明はギリシャ文明をルネッサンス時代へ繋げるという橋渡しをしたのです。そのサラセンやオスマン・トルコが果たした役割、そのまれに見る貢献を抹消したのがこの "the Judeo/Greco/Christian tradition" という表現です。残念ながらこの現状はこれからも変わらないでしょう。一度力の強い国によってグローバル・スタンダードが作られた場合には、その基準を変更するには非常に長い年月と同調国を必要とします。これがどれほど難しいのかを次の例で見てみましょう。

『海洋の自由』で著名なヒューゴー・グロチュウスというオランダの法律家が、海洋は誰のものではなく、誰もが自由に航海できるものであるべきという主張を1609年に発表しました。当時のオランダはかつての海洋大国ポルトガルとスペインを凌駕して、世界一の海洋大国の栄冠を手にしたのでした。オランダのような強力な海洋国にとって、公海が広ければ広いほど航海の自由が拡大するわけです。その理論付けをしたのが国際法の父といわれるグロチュウスで、オランダ東インド会社の法律顧問だったのです。

これに対して、オランダよりも海洋国としては少し遅れているイギリスでは、海洋の領有権を主張したジョーン・セルドンが『閉ざされた海洋』を1635年に著しました。つまり弱い国にとって、自国が管理できる「領海」が広ければ広いほど、その領域内の資源を占有できるからです。両者の主張は現在でも、本質的に同じような議論が「自由貿易主義者」と「保護貿易主義者」との間で展開されています。「持てる国」である「力のある国」と「持たざる国」である「弱い国」との闘争なのです。2001年からカタールのドーハで行われていたWTOの「ドーハ開発ラウンド」とい

---

26 フィリップ・K・ヒッティ『アラブの歴史 上』(岩永博訳)講談社学術文庫、1982年、583-84頁、589-600頁。同『アラブの歴史 下』(岩永博訳)講談社学術文庫、1983年、414-472頁、468-472頁。土井淑平『アメリカ新大陸の略奪と近代資本主義の誕生』編集工房朔、2009年、31-49頁。

■□■鈴木英輔研究室ブログより---

　う多角的貿易交渉が決裂した事実が、南北問題の難しさを如実に示しています[27]。「弱い国」が「持てる国」の資本、技術、知識等が創り出す時代の流れを塞き止め、逆転させる事はまず無理なのです。WTO の法体制のもとでは、先進国が産業化・工業化のためにかつて使った手段の多くは、現在では禁止されています。19 世紀のドイツの経済学者フリードリッヒ・リストによれば、「頂点を極めた者が、他の者が追いつかないようにするために今まで昇るために自分が使っていたはしごをけり倒す」ということは「先駆者」の姑息な常套手段です。リストは、「これがアダム・スミスの言う全世界主義の秘密である」と断言しました[28]。

　1600 年代から始まった「自由な海洋」という規範は、国連海洋法条約が 1994 年 11 月 16 日に 60 カ国の批准を持って発効したことにより、初めて制限を大幅に受けることになりました。それは今まで自由であった公海上に「排他的経済水域」がグローバルな規範として公認されたからです。国連海洋法会議自体 1958 年から 20 年以上もかかっていたわけです。沿岸国が、沿岸より 200 海里の水域について、排他的経済的主権を行使することを法制化したのが「排他的経済水域」です。その水域は、水中および海底にいる生物資源に限らず、海底の下にある非生物資源も含みます。それでも、世界最大の海軍力を誇り、七つの海いたるところにも航空母艦を展開する能力を持つ米国は、この国連海洋条約をいまだに批准しておりません。

　今日いわれる「グローバリゼーション」は、資本の自由化に始まり、為替の自由化、関税の撤廃を目的とする世界貿易機関（WTO）の設立を経て、通信技術・インターネットの普及がさらに拍車をかけた新自由貿易原理に

---

[27] E. Suzuki, Reconfiguration of Authority and Control of the International Financial Architecture, in M. H. Arsanjani, *et al* (eds.), *Looking to the Future: Essays on International Law in Honor of W. Michael Reisman*, 271, pp. 286-288 (Leiden/London: Martinus Nijhoff, 2011) 参照。

[28] F. List, *The National System of Political Economy* (Sampson S. Lloyd trans., Augustus M. Kelley Publishers, 1966).

もとづく商業慣行です。その担保となっていたのが米国の力でした。よって、「グローバリゼーション」というのは、実際には「アメリカ化だ」という人も多々いるわけです。ちょうど、1960年代のヨーロッパで止めど無く浸透してくる、アメリカの影響力に脅威を覚えたヨーロッパの反応を彷彿とさせます。

ソ連が1991年に瓦解したことは同時に「新自由主義」、所謂ネオ・リベラリズムの勝利と讃えられました。同じ1991年に設立された欧州復興開発銀行はその目的に、国際機関としては歴史上初めて以下のような文言を設立協定に明記したのです。

> "to foster the transition towards open market-oriented economies and to promote private and entrepreneurial initiative in the Central and Eastern European countries committed to and applying the principles of multiparty democracy, pluralism and market economics."[31]

複数政党制民主主義原則と市場経済原則が謳歌される時代が幕をあけたのでした。「アメリカ単独主義」、「アメリカ例外主義」等と言われた唯一の「超大国アメリカの時代」が到来したのでした。その驕りは一方でイラク戦争を起こし、そしてリーマン・ショックにつながったわけです。

日本では、小泉純一郎政権のもとでの竹中平蔵のアメリカ版グローバリゼーションへの従属があげられます。副島隆彦によると「いま現在の日本にも実は、奴隷売買はある。竹中平蔵と小泉純一郎がやった『規制緩和（デレギュレーション）』と『労働基準法の改悪（破壊）』がそれである。竹中

---

[29] Eisuke Suzuki, The Fallacy of Globalism and the Protection of National Economies, 26 *Yale Journal of International Law* p. 319（2001）参照。
[30] J・J・セルバン・シュベール『アメリカの挑戦』（林信太郎・吉崎英男訳）タイム・ライフ・ブックス、1968年。
[31] 欧州復興開発銀行設立協定〈http://www.ebrd.com/pages/research/publications/institutional/basicdocs.shtml〉。

第3章　グローバル・スタンダードを創り出すには　33

平蔵らが唱えた『自由化』は、奴隷売買を認める思想だったのだ」と主張しています[32]。

では、この強烈なグローバリゼーションの押し寄せる大きな波に対して私たちはどのように向き合って行くべきでしょうか？　つまり圧倒的な影響力を持つ「世界帝国」に対して新たなグローバル・スタンダードを創り出すことができるのか？　また創り出す物は何なのか？　まず「世界帝国」に対して日本が相対的に置かれている地位を考えて見ましょう。

III

『日本辺境論』を著した内田樹に言わせれば、「辺境」という概念は「中華」という概念に対するものです。日本は「辺境」であって、その概念は「華夷秩序のコスモロジーの中に置いてはじめて意味を持つ」というわけです[33]。しかし、これは、日本の地理的位置を踏まえての話であって、地球上にある他の「辺境」も同じように「華夷秩序のコスモロジーの中に」あるわけではないことは当然です。ですから圧倒的な文明を持つ「世界帝国」との地理的関係で特定の国を捉えれば、「辺境」といわれる国は他のところにも多々あるわけです。そのように考えれば、日本の経験もより普遍的な視点で検証できるのではないかと考えます。

内田によると、日本人は世界水準を追い抜くこと等、「先行者の立場から他国を領導することが問題になると思考停止に陥る」と言います[34]。つまり、「『諸国の範となるような国』はもう日本とは呼べない」というのです[35]。世界水準を設定するためには、そのメッセージは教化的にならなければならない。でも、日本人には、「『世界標準にして振舞うことはできるが、世界標準を新たに設定することはできない』、それが辺境の限界」だ

32　副島隆彦『隠されたヨーロッパの血の歴史』ＫＫベストセラーズ、2012年、259頁。
33　内田樹『日本辺境論』新潮新書、2009年、57頁。
34　同上、89頁。
35　内田樹『日本辺境論』新潮新書、2009年。

と断言しています[36]。

　そう言ってしまえば、話が続きません。そこでもう少しグローバルな視野と柔軟な思考をしてみましょう。まず、日本が地理的に圧倒的な「世界帝国」中国の隣国であったということは否定できません。それでも同じ隣国でも、中国と国土を接している朝鮮とは、その対応の仕方が全く違いました。現代日本の批評家を代表する行動派の知識人、柄谷行人は『世界史の構造』のなかで「近代以前の世界システムは、多くの世界＝帝国、その周辺、数少ない亜周辺部、さらに、『圏外』からなる」と説明しています[37]。世界＝帝国自体が中核であり、その周辺部は中核によって征服され吸収されるか、逆に、中核に侵入して中核を征服することもあるという。ところが、亜周辺は、帝国＝文明と直接する周辺と違って、帝国＝文明を選択的に受け入れることができるような地域であるとし、さらに、中核の支配や影響を斥ける者は、周辺や亜周辺からさらに「圏外」へ、つまり山岳部や辺境に去ったという。柄谷は「辺境」を「圏外」の意味で定義付けています[38]。そこから出てくるのは、日本は「亜周辺」に位置するということです。内田とは違います。柄谷は「亜周辺は、周辺のように中核の文明と直接していないが、疎遠なほどに離れていない。また、"海洋的"(maritime)な社会は、亜周辺の条件を満たしやすい。それは、帝国の中核と海上交易によってつながっているが、陸続きでないために直接の進入を免れ、独自の世界を形成できたからである」といいます[39]。坂本多加雄はこれを「自立の中での交流」と呼びました[40]。

　このように視野を広くもてば、ギリシャ・ローマがペルシャ帝国やエジプト帝国に対する亜周辺として存在していたことがわかるはずです。柄谷

36　内田樹『日本辺境論』新潮新書、2009年、97頁。
37　柄谷行人『世界史の「構造」』前掲脚注20、161頁。「アジア的専制国家は、多数の都市国家や共同体を包摂する、世界システムとしての世界＝帝国である」同上、156頁。
38　同上、161頁。
39　同上、165頁。
40　坂本多加雄『国家学のすすめ』ちくま新書、2001年、178頁。

が考えるように、日本を世界帝国である中国の亜周辺（あるいは周縁）にある国と見ることによって、古代より歴史上、世界帝国の亜周辺（周縁）にある国々は、日本と同じような文化的変遷の過程を経てきたことがわかります[41]。ペルシャやエジプトに対する古代ギリシャ、ローマ帝国に対するゲルマンの諸国、イスラム帝国に対する中世ヨーロッパ、神聖ローマ帝国に対するイギリス等、多々あります。その一つ一つの周縁にいる国々が、大文明帝国に吸収されずに、自立しようとする過程において文字言語という「帝国」の言語に対する自らのことば、音声中心主義的なことばを作っていったのです。そのように考えれば、柄谷が言うように「特殊日本的と見えた諸問題が普遍化できる」でしょう[42]。

もちろん、日本文化には日本にのみ存在するものがあります。漢字を訓読みと音読みで使い、それを平仮名とカタカナで表記するという三種の文字を使って言葉を使い分ける民族は他に類を見ないのです。芥川龍之介が『神神の微笑』[43]のなかで老人に言わせているように、「我我の力と云うのは、破壊する力ではありません。造り変える力なのです」[44]と。その「造り変える力」こそ、「辺境の限界」ではなく、一つの周縁にある国として文明帝国から自立するために、日本人が古代より育んできた力なのです。『神神の微笑』のなかで老人が言ってます、「西洋も変わらなければなりません。……御気をつけなさい。御気をつけなさい」[45]と。あたかも私たちに、しっかりしなさい。自ら造り変える力を行使しなければ、逆に呑み込まれますよと、忠告しているように。

では、日本は、というよりも、私たちはどのようにこのグローバル・スタンダードの創造に参加できるのでしょうか？　もっと手短の例から始め

41　柄谷行人『日本精神分析』講談社学術文庫、2007年、17頁。
42　同上。
43　芥川龍之介『神神の微笑』同上、付録、236頁。
44　同上、245頁。
45　同上、246-247頁。

れば、関西にいる者は力のある東京の波長とあわせて発信してはだめなのです。それは、東京という中核に対して、関西は周辺の役割しか果たしていないからです。関西としての波長を創っていくのと同じように、日本という特異な文化を創造してきた国は、全く別の尺度を持っているはずです。

　2011年初頭に北アフリカのチュニジアで始まった「アラブの春」とか「ジャスミン革命」と呼ばれた民主化と政治改革の要求は、エジプトに飛び、リビヤに移り、アラビア半島にも蔓延しました。まさに、民主主義の基本的な原則が洋の東西に関わらず、被統治者の政治プロセスへの参加が必要であることを立証しました。この原則は、1948年12月に国際連合第3回総会で採択された「世界人権宣言」の第21条に規定されている「人民の意思が統治の権力の基礎である」という原則です。この宣言が採択された時点では、国連加盟国は現在の193カ国と比べればわずか58カ国に過ぎなかったのです。今や「世界人権宣言」は国際法上の慣習法としての効力を持つものです。[46]

　世界は一つと言ってもそれぞれの地域ごとにその影響力、利害関係等を増大し、整理するために他の地域と競合関係に入っているわけです。新たにグローバルな意思決定プロセスに参入してきたロシア、中国は勿論のこと、ブラジル、インド、インドネシア、南アフリカ、アルゼェンチン等は地域的勢力国家、リージョナル・パワーとして包括的で、しかも複合的な世界秩序を構成する中心的なコラムの役割を果たしています。それこそ、民主主義の政治プロセスを確かなものにする世界の多様性と非均一性の推進なのです。

IV

　関西学院大学の教育は、「"Mastery for Service"を体現する、創造的かつ有能な世界市民」の育成を使命としています。「官」製とか「公」の手で

---

[46]「世界人権宣言」〈http://www.unic.or.jp/information/universal_declaration_of_human_rights_japanese/〉.

■□■鈴木英輔研究室ブログより--

はなく、「私」の個人、組織、団体が活躍できる場所や機会をどのように拓いていくべきでしょうか。失敗から学ぶものとして、日本の携帯電話端末の開発の経緯があります。『ガラパゴス化する日本』を上梓した吉川尚宏[47]によると、携帯電話端末ほど「ガラパゴス化」が最も著しいものはない、と言っています。吉川が「ガラパゴス化」というのは、日本の「過度の垂直統合ビジネスによるデメリットや閉鎖性」を強調するための言葉であって、日本の技術が持つ「希少性、独自性」を否定しているわけではありません。「ただ狭いガラパゴス諸島の中で独自進化していても仕方がない」[48]と言っているわけです。自己完結的な閉鎖社会で「独自進化」[49]しても、圏外にあるより広い世界から自らを遮断させ、日本人の思考をますます内向きにするだけなのです。

　日本では、携帯電話キャリア（事業者）が携帯電話本体を製造しているメーカーの戦略を実質的に決定しているのではないでしょうか？　吉川は、日本の携帯電話業界は、au、ドコモ、ソフトバンク等の携帯電話キャリア、つまり電話通信サービス事業者を中心にビジネスが垂直統合されており、「携帯電話端末メーカーは携帯電話キャリアの要求する仕様に応じて端末を開発・生産していた」と指摘します。[50] メーカーが連携しているキャリアの趣旨に沿うため、本来携帯本体が持っている機能を十分利用できない仕組みになっているのです。ここに大きな問題があります。つまり、サービス事業者は国内消費者を念頭において、国内市場の確保とシェアの拡大を考えるわけです。日本の消費者が何を求めるかが最大の要件であり、その要件を満たすような製品をメーカーに要求するわけです。結果的に、メーカーの製造能力は他律的に制約され、海外の市場でどんな要求があるのか無頓着になります。

47　吉川尚宏『ガラパゴス化する日本』講談社現代新書、2010 年。
48　同上、122 頁。
49　同上、122 頁。
50　同上、33 頁。

国内の消費者の好みや要求だけに合わしていたら「ただ狭いガラパゴス諸島の中で」行っているだけで、一度国外に出たときには、外の世界が発信する波長に乗ることができないのです。それよりも、世界に向けて、独自進化した種であっても、排他的にならずに発展していかないと生き延びていけないのです。

　日本は世界帝国から発信されてきた文明を選択的に受け入れてきたことは、日本だけの特徴であるよりも、すでに見てきたように亜周辺に共通した普遍的な特徴です。古今東西、文化交流の原理は、良いもの、優れているものは津々浦々まで普及し浸透していきます。奈良時代の寺院にはるか遠くのギリシャやペルシャの建築・芸術様式の跡があることこそがその証でしょう。知識の媒体・伝達方法は古代と現代とは大きな違いがありますが、文化交流のためには有効な媒体・伝達手段が必要なのです。奈良時代の有効な媒体は普遍的な世界宗教である仏教でした。では、現在それに代わるような媒体・伝達方法は何でしょうか？

　ここには日本文化が持っているパラドックスがあります。世界に類を見ない日本語です。島国である日本が隣国の世界帝国から独立するプロセスのなかで創られてきた日本語とその文化、その特異性ゆえに自らの有効性を制限するという結果になりました。「今や決定的に明らかなことは、グローバルに見て、日本語は通用しないということです」と断定されている日本語です[51]。岡倉天心の『茶の本』[52]、新渡戸稲造の『武士道』[53]、そして鈴木大拙の『禅』[54]は、すべて原本が英語で著されたものです。それで世界に知れわたったのです。

　現在日本発で世界的に受け入れられているものを考えると、言葉を媒体としないものです。自動車とか大小様々な工業製品以外には、世界に誇る

51　柄谷行人『トランスクリティーク』岩波現代文庫、2010年、38頁。
52　K. Okakura, *The Book of Tea* (Tokyo: Tuttle Publishing, 1956).
53　I. Nitobe, *The Bushido: The Soul of Japan* (Tokyo: Tuttle Publishing, 1969).
54　D. T. Suzuki, *An Introduction to Zen Buddhism* (New York: Grove Press, 1964).

「アニメ」、「Jポップス」、「『かわいい』ファッション」、接待客に対する「もてなし」の気遣いと仕方、日本の「食文化」等があります。一つの世界のなかにお互いの良いものを取り入れて、相互に理解を深め豊かになる互恵の世界の構築に日本の独特な文化文明を以って貢献していくのが、日本の新たな責任であると考えます。ジャポニズムに代表されるような西洋から発見されるものではなく、日本から積極的に発信していくものです。そのために、日本はこれまで以上に「作る人」を必要としているのです[55]。日本には世界文化形成に貢献し得るものがあるのです。最先端を行く日本の技術はもちろんのこと。そのためには、思考の方向を転換する必要があるのでしょう。

携帯電話端末のガラパゴス化は新たな世界標準でないことはもちろんですが、それ以前に世界標準にも準拠していないどころか、単一の国内市場のみを焦点としてきました。日本の携帯電話キャリアが過度の垂直統合ビジネス・モデルを作り出してきたことも、それに乗じた携帯電話端末のメーカーにしても、たまたま都合がよい位のことだったのです。1.2億人の人口を抱える国内市場のなかで満足しているのでしょう。荘子が言うように「井の中の蛙、大海を知らず」なのに、「されど、空の深さを知る」と言って自己満足しているのです[56]。日本のプロ・ゴルファーと同じです。外に出る必要が無いのです。ですから日本に残ることを敢えて必然化することもないでしょう。同じように、日本がユーラシア大陸の東の果てに大陸から離れて位置しているから「辺境」である、という話は理解できます。だからと言って、日本のユニークさを強調する必要はないのです。

日本は世界文化形成に貢献し得るものを持っています。その良きものを排他的にならずに世界に示していくべきなのです。2011年3月の東日本大震災での日本人の行動ほど世界を驚嘆させたものはなかったのです。世

---

[55] 鶴見俊輔・上野千鶴子・小熊英二『戦争が遺したもの――鶴見俊輔に戦後世代が聞く』新曜社、2004年、21頁。
[56] 吉川、前掲脚注47、56頁。

界の人が感銘したのは、日本人の行動様式や物事の考え方でした。日本人からみれば当然なようなものでも、他の国からみれば、今までの行動様式を根本的に変えていくようなもの、それは人間社会にある価値観の再編成を通じて理解できるものでした。個人と集団の共生等、効率至上主義を再吟味すれば、効率の高さだけでは人の幸せや福利・厚生に助けにならないものです。終身雇用、鼎立式意思決定方法（じゃんけん）、惻隠の情、和の精神、逃げるが勝ちの精神、喧嘩両成敗等、それは、現代の自由競争原理からみれば正反対の原理なのです。西洋の思考の根本にある「父」ではなく、東洋の考え方の根源には「母」があるのです。「無条件の愛でなにもかも包容する」母である、と鈴木大拙が言ってます[57]。

　辺境であれば、辺境人の開拓精神を以って「世界文化」の創造に「東洋的な見方」を通じて逞しく参加していけば良いのです。「辺境」には限界はありません。限界をさらに推し進めて拓いていくのが辺境人の気概であり、貢献なのです。ガラパゴス諸島に居残るイグアナでは生き残れないのです。大海に出るのです。

　大海に出るのにも「私」個人一人では限度があります。坂本が言うように「ヒトの技能はグローバルではない。それぞれの技能の移動は、文化の壁を克服し、様々なハンディを乗り越えながらされねばならない」[58]のです。グローバル・スタンダードを創るのには、もっと大きな力が必要なのです。日本人のグローバルな活躍を可能にするような機会を創りだし、その機会に対応するだけの組織的な支援・補給力を与えるものは「日本社会全体の活力であるし、その上に築かれた日本という国家としての適切な政策の実践」[59]です。そして日本という国の存在が世界の多元化を促進することに繋がり、「自由な諸国家の連合」のもとでの「世界的市民社会」の構築に貢献するわけです。

---

[57] 鈴木大拙著・上田閑照編『新編東洋的な見方』岩波文庫、1997年、14頁。
[58] 坂本、前掲脚注40、41頁。
[59] 同上、44頁。

第3章　グローバル・スタンダードを創り出すには　41

第4章

Common sense as global standard

Mark Douglas Sawyer

Things are different in this culture!

Sawyer First, I have to say that I feel like a strange person on this panel. First, I'm the only person who's not Japanese, but I'm very used to that in my daily life. Secondly, I'm speaking in English, whereas the others are speaking in Japanese now. I'm also very used to that in my daily life. Third, I'm the only one wearing an aloha shirt, but from one of the cultures that I closely identify with, Hawaiian culture, it's *joushiki*（常識）, common sense, to wear an aloha shirt on Friday. In Hawaii, Friday is aloha Friday, and most of the employees in most universities and most businesses wear aloha shirts. Men wear the shirts, women wear muumuus.

I think a lot of our panelists have experience in Hawaii. I know that Nishimoto-sensei has. Konishi-sensei, have you? Koike-sensei? Yes, Koike-sensei. Suzuki-sensei, Waki-sensei. They're familiar with that culture. We belong partially to that culture, as well as others.

But the real reason I feel strange and different on this panel, is because all of the other members, I believe, grew up during their formative years, during their youth, in Japan. They developed Japanese common sense, Japanese *joushiki*, unconsciously, just like almost all of you. Then, at a certain period, maybe university years, maybe a little before, a little bit after, they went to live in some other culture.

Probably at first, they experienced some kind of culture shocks. "Things are different in this culture! Oh, it's not like Japan." But gradually they adapted to those different practices, those different cultures, and those became part of them. Maybe some of that went unconscious, but on the other hand, they had a conscious awareness of two cultures, so they could understand that *joushiki* is not *joushiki* everywhere.

So maybe they internalized both, but then for most of them, recently they came back to Japan, and maybe experienced new culture shocks. "Wow. Is this the country I grew up in?" Because the other culture, other kinds of common sense, had been internalized and become more natural, and things seemed very strange, non-commonsensical, back in Japan. On the other hand, in my case, I grew up for the first 18, 19 years in the United States, in California, and I developed American culture unconsciously. American common sense was, to me, common sense. Then, like them, but in the opposite direction, I went other places including Japan, and thought, "Wow, it's really different. Why do people do these kinds of things?" Sometimes it would just be amusing, sometimes annoying, frustrating, but a lot of times just strange. Anyway, I saw what seemed to me to be not common sense.

But gradually, over a period of now 23 years I've lived in Japan, many things seem quite normal. I've come to understand a lot of things. Why Japanese do the things they do. I feel just as comfortable here as I do in my birth culture.

I don't have the same kind of experience yet, going back to live in the United States, but I think if I did, I would experience a lot of shock. I'd probably want to organize a panel like this one. Why do you Americans do this kind of stuff?

So, I've had kind of a reverse experience from the other panelists, so therefore my way of looking at things is really, really different. I should also mention something, maybe shocking to you, that I have lived in Japan longer than most of you. In that sense, I'm more Japanese than you!

Common sense as global standard

Sawyer The next thing I want to comment on is the two themes of the panel. As I see it, the two themes of this panel are common sense, *joushiki*, and a global standard. I think they're meant to go together, but I see them as quite separate in some ways. I thought it might be useful to mention why.

Basically, I can say this, that I'm very, very familiar with the idea of common sense. I talk about it all the time in my Intercultural Communication course. By the way, how many of you have taken that course? [Few hands are raised] Liars! There's more of you, I know, but anyway, the thing about global standard is that I was not very familiar with that at all. Interestingly, just two days ago, I read an article about one aspect that made it much clearer for me, and maybe will for some of you, too. I found this article in *The Japan Times*. Actually, it was originally from the *Washington Post*. The title was "The Fax of Life." *Fax* means fax machine. But it's kind of a joke, or a double entendre, a play on words, a pun, *kotoba asobi*（言葉遊び）, from *facts*. Basically, "the facts of life" is used to mean sex education. But it's kind of a little inside joke by the writer.

The theme was Japan refuses to part with the aging device. The main idea is this, that in the rest of the world, people don't use fax machines anymore. But Japanese continue to use these old dinosaur machines. Why is that? So I copied just one part of it, and I'll read that to you. "Japan's continued fax devotion may be an endearing quirk, what with the country's reputation as a high-tech playground, all bright lights, flawless trains, and chirping micro devices."

Therefore, Japan is obviously very successfully high-tech. So it's okay if they use a fax machine, too. But then it goes on to say, "But it may also represent a deeper sign of the nation's inability to change and to accommodate global standards, even as it cedes economic ground to rivals such as China and South Korea." The author now suggests that to keep using fax machines seems to show that Japanese can't accept the new global standard, which must be the correct one, whereas Korea and China, are willing to accept this global standard, so they're moving ahead. That's the implication here. Thus you can see it two ways. Fax machine use doesn't bother anyone, and there are some reasons it's useful for Japan, so why not go ahead with it? I think that Professor Suzuki's comments were along those lines. But this author, an American, tends to take the view, "This is a sign of things not happening in Japan as they should be, and as they happen in the rest of the world." I just wanted to share that perspective as one clear example of how global standard is being used.

Japanese have a very strong consciousness about being Japanese

Sawyer   I guess that what I really want to say, based on my experience in my reading of intercultural communication, is basically one thing. It is one thing that I've noticed over these many years in Japan, and I continue to notice, and that I talk about in my classes all the time, but I also experience in my classes:

the idea that Japanese have a very strong consciousness about being Japanese. It takes the form of a very strong in-group, out-group consciousness about who is Japanese. I get the feeling, and many other non-Japanese get the same feeling, that Japanese are thinking, "We belong to the group of Japanese, and you don't. We are Japanese, you are something else."

It's important to discuss because it creates barriers to smooth communication, even in business, but it especially creates barriers to smooth communication in terms of developing relationships. Moreover, it creates kind of perpetual discomfort.

Why is this? In my own case, I believe that there are times when I have a strong sense of being American. Some times. But not very many at all. Normally, when I'm interacting with Japanese, or when I'm interacting with mixed groups, in fact just about anyone, I'm not thinking about what groups we belong to. I'm thinking about what we have in common. Thus there's a contrast between my commonsensical approach and the one that I often experience in Japan.

Why does that happen? I won't go into any detail, but I want to mention just one thing. Strong in-group/out-group consciousness develops in many ways, but to a large extent, it happens in the school system, and it's even intentional. In the *Monkasho shido yoryo*, there are many parts that show the desire, to develop and to maintain very strong Japanese identity. To take just one example from elementary school, one of the goals of sixth grade social studies is for students to "become aware that it is important to live together with people from the countries of the world as a Japanese person desiring peace." When I read that, I wonder why we need that part "as a Japanese person?" Why is it necessary to reinforce that consciousness? I think that probably reducing that sort of consciousness, rather than maintaining it, would probably be useful for Japan in the future. If there's time later, I'll talk some more about education, but I think I should stop there. Thank you.

The last word? Actually, I have a lot to say, but I won't be able to say it all now. I thought that Wada-san's question was a very good one, and I personally think there are fundamental problems with the Japanese educational system. But on the other hand, I think that individual initiative towards self-development and towards creating a better future for the world is crucial for each student and each human. One reason why that's difficult for Japanese students is that many of you were focused very much on diligent memorizing so that you could pass exams and go on to the next level, and you succeeded in getting into Kwansai Gakuin's School of Policy Studies. For a long time, your goals were focused sharply on passing tests. When you get into the university, you no longer have that sharply focused goal, and it's quite hard to redirect your focus into a meaningful direction.

I'm always struck by the difference in atmosphere between American universities and Japanese universities, and thus I'm very happy when I have a chance to visit an American university on sabbatical or for a conference or to see my kids or to fieldwork with my seminar students. Because it's so different for students. Probably this is largely because going to university, is a big change in an American kid's life. She's becoming independent. That's very strongly in her consciousness. "I am now responsible for my own thinking. The university is the place to think, and develop myself, and to figure out how to make a better world." That kind of feeling is diluted in Japan, but arguably not as much in the School of Policy Studies. Each of you has a good chance to develop your independent critical thinking, and I strongly feel that it will be a better world if you do.

Today's session felt almost like an American classroom. Everyone seemed to be paying close attention, listening, feeling interested. I could see your minds moving. It was really, really nice. What you need to do next is take it out of the classroom. Continue talking about these kind of issues, seriously talk, moving towards a better future, and actually doing things that will make a difference. Thank you!

西本 Professor Sawyer, thank you very much. I think you have made many interesting points. I believe this is a quote from Albert Einstein.

アインシュタイン[60]は「常識とは、18歳までにあなたの精神の底に沈滞した偏見の堆積に過ぎない」と言っています。18歳というのは別な国での話として、日本ではおそらく25歳ぐらいだと思います。25歳ぐらいまでに堆積した偏見の蓄積だと。たとえば僕は23、24歳で留学しましたが、その時、ソーヤー先生がおっしゃった、まさしくカルチャー・ショックを受けました。そこで、別な文化や規範、基準、

---

60 アインシュタイン（Albert Einstein; 1879-1955）：ドイツ生まれの理論物理学者。1921年にノーベル物理学賞受賞。相対性理論等で有名。

水準を理解できる能力と、カルチャー・ショックに対抗してどんなアイデンティティーを持つか、海外で長く働いていた和気先生や私、鈴木先生は、おそらくいろいろな場面で考えられたと思います。

　自分一人だったら簡単ですが、たとえば僕の場合はすぐに結婚して、相手は日本人なのですけれど、そうすると日本人の子どもが生まれます。その子どもをどんなふうに育てるか？　海外の日本人学校に入れるのか、それとも、いわゆるアメリカン・スクール、インターナショナル・スクールに入れるのか、その判断等で、その子の将来のカルチャー・バックグラウンドが決まってくるわけです。そういう判断を常に強いられてきたわけですが、これについては、また後でお話をしたいと思います。次は、小池先生、お願いします。

第5章

適材適所でなければ
勝ち残れない時代になりつつある

小池洋次

▶自動車が来なければ、赤信号でも渡りますか？

　小池　ソーヤー先生のお話をうかがって思ったのですが、ソーヤー先生って、本当に日本人的ですね。日本人以上に日本人的な気がします。だから日本人の学生さんに人気があるんじゃないかな、と思って聞いていました。

　冗談ついでにもう一つ。今日、12時30分にJR新三田駅発の快速バスで来たのですけれども、あまり時間もないので、3限に間に合わせるには、「食堂に行って、あれして、これして」といろいろ考え、少し急いだほうが良いかなと思ったのです。

　バスを降りたら私の前に4人ほど若い女性がいて、ものすごく急いでいるようでした。降りたとたんに一斉に走りだした。そして交差点に差し掛かったのです。信号は赤でしたが、車は通っていないので、「渡るかな？」と思って見ていたら、動こうとしない。私は急いでいたので、赤信号を無視して渡ってきたのですが、皆さん、どうですか？　急いでいても、赤信号であれば、車が通っていなくても、渡ら

ずに待っている人、手を挙げてください。では、渡るという人は？

　なお、渡る方がグローバル・スタンダードであると言うつもりはありません。ドイツでも、やはり赤信号の場合は、車が通っていなくても渡らないということですし……。

▶適材適所がグローバル・スタンダード

　小池　私はメディアの世界に35年間おりました。先ほど、和気先生が痛烈なメディア批判をされましたが、まったく同感なので、私がここで繰り返す必要はないかと思います。

　私が今日、申し上げたいのは一つだけです。それは"グローバル・スタンダード"と言って良いと思うのですが、適材適所でなければ勝ち残れない時代になりつつあるということです。民間のポジションにせよ、官のポジションにせよ、それが日本ではできていない。これが一番の、日本の常識で世界での非常識ではないか、というのが結論です。

　例を挙げましょう。たとえば、2012年での日本国の防衛大臣の人事です。森本敏氏[61]が選ばれましたが、野田政権下では初の民間からの閣僚ということです。これに対して与野党の政治家からどんな批判が出たでしょう。簡単に言えば「彼は民間人である。防衛大臣という立場の人間は、政治家でないと責任がとれない」ということです。つまり、政治家でなければ、選挙で落とされることもなく責任をとることができないという趣旨だと思います。でも、おかしいと思いませんか？　政治家だったら責任がとれて、民間人だったら責任がとれないなどということが言えるのでしょうか？　私はきわめておかしいと思

---

[61]　安全保障問題の専門家。防衛大学卒業後、自衛隊、外務省、野村総合研究所等を経て拓殖大学大学院教授。

います。

　私は1993年からワシントンD.C.に4年間おりましたが、その頃、非常に手腕の優れた国防長官がいました。日本でいえば防衛大臣です。ウィリアム・ペリー[62]さんという方で、黒船のペリーさんのファミリーとどこかでつながっているらしいのですが、もともと学者です。ビジネスマン経験もあるが、政治家ではない。しかし、国内外で非常に高く評価されています。政治家でなければ国防の責任者になれないというのであれば、超大国のアメリカ、世界最強の軍事国家アメリカの国防体制はいったい何なのかと思いますよね。

　「防衛大臣が政治家でなければいけない」という理屈についてもう一つ申し上げれば、他の大臣は民間人で良いのですか？　と議論したくなりますね。政治家でなければ責任がとれないのだったら、ほかの閣僚だって同じはずです。きわめておかしな理屈がまかりとおって、これに対する批判は、メディアからは一部ありましたけども、残念ながらそれほど聞こえてこなかった。

　森本氏の前の大臣は田中直紀氏[63]でした。私は個人的に存じませんので、別に恨みはありませんが、国会中継をテレビで見て、びっくり仰天しました。参議院の予算委員会で、答弁席はがらがらに空いているのに、大臣では彼だけがなんと前列でも2列目でもない、3列目に座っているのです。質問者はヒゲの隊長で有名だった自衛隊出身の佐藤正久[64]参議院議員です。国防についてよく知っているわけです。彼はいきなり防衛大臣を叱責しました。「この予算委員会のいわば主役は防

---

[62] 1990年代、クリントン政権化で国防長官。スタンフォード大で博士号取得後、企業経営に携わったほか、同大で教鞭をとりました。

[63] 民主党参議院議員。2012年1月発足の野田改造内閣で防衛大臣。妻は田中真紀子・元外相。

[64] 防衛大学卒、自衛隊に入隊。イラク復興支援の現地リーダーを務めたことで知られています。2007年の参院議員選で当選。

第5章　適材適所でなければ勝ち残れない時代になりつつある　51

衛大臣、あなたですよ。どうして3列目に座っているのですか？　前に出てきなさい」と。その後やりとりがあって、議長判断で前列に座ることになりました。田中大臣が3列目に座っていたわけは、すぐ後ろに防衛官僚が控えて、何かあれば後ろからささやいてくれたからでした。結局、防衛官僚と一緒に最前列に移動した様子がテレビ中継で放映されました。

　先ほどの、政治家でなければ責任がとれないという理屈で言えば、この人は責任がとれるのだろうかと思いますが、それ以前の問題として、そもそも自分で答弁できないような人が閣僚であって良いのだろうかと、疑問に思います。グローバル・スタンダードで考えれば、やはり適材適所、その任に一番ふさわしい人が、民間であろうと政治家であろうと官僚であろうと、そういう人たちを登用していくのが一番大事なことですよね。でなければ、国益を損ねかねないですから。

▶国際会議等の場で

　小池　私は、2週間ほど前にバンコクに行っていました。国際会議に出るためです。世界経済フォーラムの"East Asia Summit"という会合でした。ミャンマーの野党リーダーであるアウン・サン・スーチー氏が来たので、世界的に注目されました。そこでもう一つ気がついたことがありました。あるパネル・ディスカッションで、日本人は平野達男復興大臣[65]、それから某大会社の社長さん、ともに日本語で話すのです。ところが聴衆は英語を前提にしていますので、彼らの発言が始まると、皆ざわついて、トランシーバーを探しに走り回ることになりました。それはそれでしょうがないかもしれない。ですが、私が驚いたのは、インドネシアの大臣とタイの副首相が同じパネル・ディ

---

[65]　民主党参議院議員。元農林官僚。野田内閣で復興大臣。

スカッションにいたのですけれど、ものすごく英語が上手なのです。丁々発止とやっていく。それが日本人のところへいくと流れが途切れてしまう。そんな印象でした。

インドネシアとタイの閣僚のバックグラウンドを調べてみました。彼らは政治家ではない。外資系企業にいたり、ビジネスのバックグラウンドを持っていたりするような人たちです。だから良いのだと言うつもりはありませんが、そういう人たちも視野に入れて、日本国を率いる指導者を選ばなければいけないと、私は思います。"適材適所"という方法をとらなければ、日本国はきわめて危ういと私は思います。それが今日の結論です。またあとで補足したいと思います。ありがとうございました。

西本 ありがとうございました。それでは小西先生にお願いします。

第6章

世界から見た日本、
　そして日本人の課題

小西尚実

▶はじめに

　小西　グローバリゼーションが加速し、ボーダレスな市場へと発展しているなかで、国や組織、人を取り巻く環境が激変しています。一方で、いまだ変わらぬ日本の一面が見えてきます。世界目線で日本を客観的に見て、日本の弱さや課題をしっかりと認識し、必要な改革は躊躇せず大胆に実行していく力が望まれます。

　今日は、特に日本の企業や日本人の働き方に焦点を当て、国際社会のなかで日本の「非」常識が問われる点や日本の取り組みが遅れている点について述べたいと思います。さらに、日本の次世代を担っていく若者に焦点を当て、現在さかんに聞くグローバルな人材の育成についても触れてみたいと思います。

▶**国際社会から見る日本の課題（その1）　働き過ぎの日本人！**

　小西　日本人の労働時間の長さは、国際社会のなかでたびたび指摘されています。国によって労働時間の定義や計算方法等が違いますか

ら単純に国際比較はできませんが、サービス残業や不払い賃金等日本特有の問題が指摘されています[66]。武石（2010）による欧州諸国と日本の働き方に関する比較調査では、特に日本においては、長時間労働の傾向が見られ、就業場所等働き方の硬直度が高いとの結果が出ています[67]。さらに職場におけるマネジメントの問題も指摘されています。また、役職別に見ると、特に管理職における長時間労働が日本の特徴との指摘もあります。

　私が在籍していた国際機関でも、連日夜中の12時を超えて仕事をし、職員同士の様々な交流イベント等仕事以外のつきあいは、仕事の忙しさを理由にことごとく断る日本人職員を、外国人の同僚たちには「彼はおかしな奴だ。やっぱりワーカホリックの日本人だ」等と陰口をたたく人もいました。日本人が皆そうだと言っているのではなく、そのようなステレオタイプ的に捉えることが特に海外では多い。国際機関には、世界中の加盟国からきた人々が働いています。職員として採用する場合、できるかぎり地域やバックグラウンドを多様にする人事政策を基本としているため、自然と多様な人材が働く組織構成となります。そのなかで、一国の常識が非常識となるケースもあり、それが職員間の深刻なトラブルへと発展することも少なくありません。また、一旦孤立してしまうと、仕事や生活に影響するような重要な情報が入ってこなくなります。決して国際機関が特殊な職場環境なのではなく、グローバル化によって確実に国ごとの差が小さくなっているなかで、働き方に関しても同様のことが言えるのでしょう。日本の常識

---

[66] 日本のサービス残業に関する調査研究は森岡孝二が詳しい。たとえば、森岡「労働時間のコンプライアンス実態とサービス残業」『ビジネス・エシックスの新展開』関西大学経済政治研究所叢書（2008年3月）を参照。

[67] 武石恵美子「ワーク・ライフ・バランス実現への課題：国際比較調査からの示唆」REIETI Policy Discussion Paper Series 11-P-004, 経済産業研究所（2010年11月）を参照。

が必ずしも海外で通用するとは限りません。

　労働時間の問題は、根本的には個人のワークライフバランスの実現に向けての課題でもあります。ワークライフバランスの実現には、多様な個人の選択が基本となります。単に労働時間を短縮するという限定的な取り組みだけでなく、個人にあった働き方の柔軟性を高める取り組みが、我が国においても今後さらに必要とされるでしょう。

　私自身が母親となり、子育てと仕事の両立を実現しようと日々格闘するなかで、今まで見えておらず実感しなかった不便さ、政策の不備を感じずにはいられません。世界規模でグローバリゼーションが加速化しているなか、日本の取り組みの遅れ、ひいては日本人の認識の遅れ（甘さ）は、国際社会のなかで、時には突出し、目立ってしまうこともあります。日本が本気で「改革」する姿勢を、世界に向けて様々な機会にアピールしていかないと、いずれ世界から見放されることになります。

▶国際社会からみる日本の課題（その2）　進まないダイバーシティ政策

　小西　日本の課題として、ここでは特に日本のダイバーシティへの取り組みの遅れを指摘したいと思います。ダイバーシティは、日本ではとりわけ企業における女性や外国人等、特定のグループに対する限定的な取り組みとして理解されることが多いようです。国連機関の報

68　ワークライフバランスについては、正しく理解されていないのが現状です。この言葉は仕事か仕事以外の個人の生活（家族、健康、自己啓発、余暇等を含む個人が重要だと思うことすべて）のどちらかを優先させるのではなく、その両方を実現できる状態を示します。例えば、佐藤博樹『ワークライフバランスと働き方改革』勁草書房（2011年3月）に詳しい紹介があります。
69　Diversity（ダイバーシティ）は、性別、年齢、人種等、外からの判断が容易なものである「表層的」なものと、考え方、習慣、価値観、パーソナリティ、経歴等、外見からの判断が難しい「深層的」なものに大別されます。ダイバーシティ研究ではこの表層と深層の両方を含んだ定義が用いられることが多い。D. A. Harrison, K. H. Price, and

告書等においても、日本の女性の社会進出の低さ、男女の賃金格差が指摘されています。日本のダイバーシティ施策の遅れは、残念ながら世界のなかで周知された事実なのです[70]。日本のなかにいると違和感のない社会ではあるかもしれませんが、一歩日本の外から自国を見ると、おかしいと頭を捻りたくなることが多々あるのも事実です。前述の日本人の働き方や職業感もその一つです。また、日本の取り組みは、育児介護休暇制度やフレックスタイム制等、制度導入に偏重しています。ハード（仕組み）の整備と同時に、ソフト（人間）の意識改革は同時に行われるべきでしょう。いまだ多くの場での意思決定をする人々（主に男性）の意識改革が重要な課題であり、ひいては日本国民の意識改革でもあります。

　私は企業からワークライフバランスやダイバーシティ施策をテーマにした講演を依頼されることがあります。しかし、日本の経営者たちと話をすると、社会のプレッシャーや体面的に進めないといけないといったネガティヴで受身の意見が多く聞かれ、表面的かつ限定的な取り組みと言わざるを得ません。今後の日本の人口構造を考えれば、多様な人材の確保は国の急務であり、年代、性別、人種、経歴等、多様な働く意志のある人たちが働けない社会制度は早急に改善されるべきです。国際社会に属する限り、諸外国と比較されるなかで、日本は先進国においてこの分野の取り組みが最も遅れていると非難されている現実を、しっかりと受け止める必要があります。

　日々学生と向き合っていると、時折明るい期待感を感じることがあります。特に働き方に対する若者の捉え方、価値観が少しずつ変化し

P. M. Bell, Beyond Relational Demography: Time and the Effects of Surface and Deep level Diversity on Work Group Cohesion, *Academy of Management Journal*, 1998, vol. 41, no. 1, pp. 96-107.

[70] *Human Development Report 2006*（UNDP）; *Global Gender Gap Report 2011*（World Economic Forum）等を参照。

てきています。日本の社会においても、年代によるジェネレーションギャップの弊害が見られます。特に20～30代の若い世代には、長年日本が良しとしてきた（目をつぶってきた）長時間労働やサービス残業、必要以上の組織への帰属意識に違和感がある者も多く、自身のワークライフバランスの実現に関しても積極的です。

　今まであまり進展が見られなかったダイバーシティに関しての取り組みも、若者たちが積極的に声を上げ、意思決定プロセスに関わることで改革が進み、多様な個人が望むワークライフバランスが実現することを期待したいと思います。

▶**国際社会からみる日本人の課題（その3）**　諸外国に比べて劣る自己表現力やアピール力

　小西　私は国際機関で長く人材開発業務に携わってきました。職員の採用プロセスや教育訓練を担当してきたなかで、日本人がもっとアピールすべきだと感じる場面にたびたび出くわしました。たとえば、日本人のCV（経歴書等、応募時の申請書類）における自己アピール方法は、諸外国の応募者に比べて残念ながら非常に見劣りします。また、ビジネスの場でのプレゼンテーションや、会議内における発言や交渉が必要となる場面でも十分に実力が発揮できていないと感じることが多いようです。ここでは、次のようなことを指摘しておきましょう。たとえば、日本人は学生時代に、履歴書に自信をもって記載できるような経験を積んでいる人が少ない[71]。時間に自由がきく学生の間

---

[71] 日本の大学生活では、学業以外の活動としては、サークルやクラブ活動、アルバイト等が一般的ですが、それ以外にも例えば、インターンシップや海外留学、国内外のボランティア活動、自身の学業やキャリアに関係のある各種セミナー、語学、資格等様々なことが4年間のなかで可能です。このような活動も表現方法によっては、十分履歴書に記載することができます。実際、欧米ではそれが評価対象にもなります。ただし、「参加しました」、「出席しました」と結果だけを記載するのではなく、そこでどのような知識やスキルが身に付いたのか、また自身の役割や目に見えるような成果を明記することが重要です。

に、問題意識をもち、積極的に視野を広げ人間の幅を広げるような多様な経験をしておくことを奨めます。

　また、実際に働き出したあと、定期的に自身の仕事上の役割や成果をきちんと整理して把握しておくことも必要です。日本ではいまだに学校名、会社名等、自分の所属先が重要視される風潮がありますが、日本の外に一歩出れば、自分自身にどのような経験や強みがあり、成果があるのかが評価の対象となり、重要となります。所属先としての成果と、そのなかでの自分の役割や成果を言葉や文章で明確に表現する習慣を日頃から身に付ける必要があります。さらに、入社後定年までその会社にいられる保証はどこにもありません。新たな知識や技術の習得を意識し、積極的に自分にプラスとなる自己啓発に取り組む姿勢も必要です。横並びの社会、あるいは幼稚園受験から就活まで受験中心の日本社会が生み出す弊害は大きいと感じます。

▶真のグローバルな人材の育成を目指して

　小西　日本はかつて経験をしたことのない少子高齢化時代に突入しています。国際社会に立ち向かう有能な労働力の不足で、国際競争力が無くなるといった悲観的な意見も多くありますが、様々なレベルでの改革や意識の転換から、日本の強さを発揮できないでしょうか？

　グローバル人材の育成が日本全体の喫緊の課題であり、日本の大学でも近年急速に取り組みが進んでいます。私自身も今までの経験を活かし、世界で通用する、国境を越えても人に影響を与えられる強い人材の育成を意識しながら、途上国において毎年フィールドワークを実施しています[72]。学生は現場で、現実の貧困に直面しながら、現地での

---

[72] 関西学院大学総合政策学部小西ゼミで毎年実施しているフィリピンフィールドワークや、途上国貧困層の子供達の支援を目的とした学生有志団体「Bridge for the Children」の詳細は、小西ゼミHP（http://bridge-kgu.sakura.ne.jp/knack/）を参照。

プロジェクトの企画、実施、振り返り、さらに継続的な支援の確立や後輩の育成等一連の任務を責任をもって実行するように指導しています。自身で数々の失敗や修羅場を経験することこそが、グローバル人材育成において重要であり、近道であると考えています。

　昨今の若者の弱点も指摘しておきましょう。日本に帰国後、大学で教鞭をとり、日々学生と対話していて驚くことがあります。学生から、連日、質問や相談を受ける。学生たちの物怖じしない積極性は認めるとして、問題は質問の内容です。誰もが同じような質問を浴びせるのです。「どうしたら先生のように国際人になれるのでしょうか？」「グローバル人材とは、どういう人たちのことなのでしょうか？」「どうしたらプレゼンテーションが上手になりますか」「どうしたら国際公務員になれますか」……。少なくとも私は学生時代に、そういうことを人に質問をして答えを求めた記憶はありません。グローバル・スタンダード、世界基準とは、自分が作っていくものです。人生は〇×の正解があるものではない。答えがあることに慣れている人にとっては、答えを自分で見つけ出すことに、戸惑いや困難を感じるかもしれません。人の数だけライフ・キャリアがあります。私のように海外で実務を経験した教員は、学生の身近な良きロールモデルでもあります。多くのロールモデルを参考に、自分なりにライフ・キャリアにおける目標を設定し、試行錯誤する長い道のりをもっと楽しんで欲しいと感じています。

　今の学生は、考え抜く力が非常に弱いと感じます。インターネット等ITの発展もあり、世界の情報に簡単にアクセスできる今、若者はテクニカルな面でも多くのスキルや知識を持ち合わせていて、秀でていることも多い。しかし、得た情報をただ飲み込み、単にスルーしてしまうだけでは全く意味がありません。疑問を持ち、別の視点から検討する等の工夫を習慣づけて欲しい。アクションを起こす前に、まず

自問自答すること。自分はどう考えるのか、どう思うのか、それに対して相手に意見やアドバイスを求める。それが対話へと発展し、さらに、そこから信頼関係につながっていきます。自分の考えや思いを持たず、ただ質問するだけでは、得た答えは役に立たないことを覚えておきましょう。ライフ・キャリアは自分で築くもので、人生にショートカット（近道）はありません。自ら考える力、創造する力を鍛え、自身で人生を切り開いていく力を習得することが将来に役立つ力となります。

▶日本を外から見る事の重要性

　小西　日本にいると見えないことがたくさんあります。若者の内向き志向が社会問題としてとらえられていますが、どんな形でも良いので、是非一度は海外に出ることです。様々な視点から日本を客観的に見ることは非常に重要です。また海外に行く時には、自分なりの問題意識を持って、何を見るのか、学ぶのか、体験するのかを考えて欲しいと思います。そのうえで、その国の良さであるとか、自分たちとの違いを実体験して欲しい。同時に、自分自身や自分の国の問題点や課題を見つけ、それをどのように改善できるのかを考え、小さなことでも良いので実際に行動を起こすことができればすばらしいことです。

　私は大学で、自身で考え、アクションを起こし、周りに影響力をもった優秀な学生を数多く見てきました。世界から見ると不思議に見える日本の姿があると同時に、日本から発信できる、優れた面も多いことは確かです。日本の批判ではなくて、日本に山積している課題を挙げて、改善するために何が必要なのかを考え、行動に起こすことをためらわないで欲しい。客観的に見る力、そして必要な改革を起こす力を身に付けて、失敗を恐れず自分自身にチャレンジし続ける勇気を、若者たちには持って欲しいと願います。

第7章

総合討論

▶若者を"ディフェンド"する

西本 ありがとうございました。先生方の相互のコメントをいただく前に、少し若者をディフェンドしてみたいと思います。

僕は30数年間国外にいて、もちろん1～2年に1回ぐらいは必ず帰っていましたが、そのたびに一番嫌だなという方向を現代の日本の社会に発見したのです。それは「安全」と「安心」です。「安全」は水準を決めれば、ある程度科学的に設定することはできます。しかし、「安心」は皆の心のなかにある感覚ですから、政府とか、東電とか、関電とか、そういう人たちが言うものではないはずです。それが、政府等が「安全だ」と言い続ければ、国民は皆安心してしまう。そして、安心すると行動をとらないのです。

ダチョウは危険に直面すると砂のなかに顔を突っ込んで「私、いませんよ。見えないでしょ？」という行動をとると言われています。僕が飼っていた犬も雷が大嫌いですが、フィリピンは雷が鳴って、大嵐がよく来ます。そうすると部屋の隅で隠れているのです。「私、ここ

にいませんよ」と、忍者にでもなったつもりなのです。雷が去るまで、ずっとそこに潜んでいる。まさしく「安全だ」と思い込んでいる、この僕のいる家が安全だと信じて安心しているわけです。でも、ぜんぜん安全でもなければ、安心してはいけない状況にある可能性が大ですよね。

最近はいろいろなものに「抗菌」とか書いてあるでしょう？　僕が驚いたのは、ガソリン・スタンドのポンプのハンドルに「抗菌」と書いてあるのです。その意味は何ですか？　誰か他人が触ったものを次に僕が使う時に、変なばい菌がうつったら困るということです。ガソリン・スタンドのハンドルで、何か重大な病気が感染した例などあるでしょうか？　こんな無駄なことに、我々はお金とアテンションを費やしているのです。

それから、「空気を読む」というやつです。「空気を読む」ということ自体は、別に日本に特有のものでも何でもありません。外国でも、むしろ空気を読めなかったら馬鹿なのです。その場の雰囲気を読んで、どういうかたちで、どんな意見が飛び交っているかという空気を読むのは、ここにいらっしゃる先生方も、国際会議ではずっとしてきた仕事です。空気を読めず、その会議をどういう方向にまとめようかという落としどころがわからなかったら、議長はできません。

若者がいわゆる「空気を読んで」何をするかというと、一番無難なほうにつくわけです。これはダメです。自分の意見をきちんと言う。たとえ10人のうち9人がAと言っていても、自分はBだと言えるためには、きちっとした論理と分析ができなければならないのです。それは相手の空気を読んでいるからこそできることです。ですから「空気を読む」のは全然悪くない。ただ何となく「こっちについておいたほうが無難やな」「波風立てへんやろうな」となってしまったら、ＫＹが悪用されていると僕は感じます。

なぜ僕が君たちの味方に立つかというと、先ほど、小西先生から年齢の話が出ました。君たちは、僕たちからすると、ほぼ孫に近い年齢です。君たちの両親が君たちをそういう精神の持ち主にしてしまったのです。そんな両親をそうしてしまったのは、我々の年代の責任です。我々の時代というのは、まさしく戦後の復興から高度経済成長時代を経て、とにかく「がんばらないと日本はダメだ」という時代を生きてきたのです。すると、その次の時代には「自分の子どもには、こんな辛いこと、きついことはさせたくない」「安全、安心な社会を作りたい。楽をさせてあげたい」となる。そんな両親から生まれてきたのが君たちなのです。当然、君たちは病院の無菌室で生まれています。
　一方、僕たちが生まれたのはばい菌だらけのところでした。我々はばい菌だらけの途上国に行っても大丈夫なのです。僕は一度、B型肝炎の予防注射を受けるために血液検査を受けたことがあります。そうしたら、先生いわく「あなたは抗体が4つか5つしかありません。だから注射をしないといけません」と。予防注射は3回打ちます。2回打ってから、もう一度血液検査です。しかし何も残っていないのです。3回目でもまだ残らない。4回目で先生が諦めてしまいました。「西本さん、あんたね、何か知らんけど、体のなかにものすごくきつい菌がおって、ヘパタイティスBの予防注射をやっても、その菌が全部このヘパタイティスの菌を食っているみたいだ。だから、もうヘパタイティスBの予防注射は要りません」と言われたことがあります。僕は若い時に、バンコク等の路上でウドンとか、ソバとか、焼き鳥とかいっぱい食ったことがあるのです。おそらく、その頃にもらった菌がまだ体内にいる。ですから「抗菌」じゃダメなのです、「耐菌」にならないと。菌が入ってきても、それをやっつけるような力を自分の中に持たないとダメです。
　そのためには、君たちは親の言うことなんかあまり信じたらいけな

い。お祖父ちゃん、お祖母ちゃんの「かわいい、かわいい」というかわいがりようにすがったらダメです。もっと言えば、2代前の我々の責任を追求することなく、乗り越えていかないといけない。それが、やはり常識に近いと思います。

今、韓国がとても目立って、政治でも、経済でも、国際社会で強い力を発揮しています。彼らは国内市場が小さいから、外へ出ていかなかったら生きられないということが身に染みているのです。日本は、残念ながらと言うべきか、国内市場が大きすぎるのです。だからガラパゴス化した携帯電話や冷蔵庫、掃除機を作っても、数が売れる。それで進歩がないわけです。気が付いたら、日本が一番のお国芸としていたテレビ事業で韓国に負けてしまったというわけです。そういう意味で、競争というか、とにかく外敵に向かっていく力を自分のなかに蓄えないといけません。

▶安全保障について

西本 それでは、先生方に、他のパネリストの発言に対して自分はちょっと付け加えたいとか、ここはちょっと違うのではというようなことがあれば、お願いします。

小池 鈴木先生のお話にコメントさせていただきたいのですけど、先ほど、軍事力の話や憲法第9条第2項の話が出ました。ここで憲法論争をやるつもりはないのですが、賛同することが非常に多いですね。要は、パワーを持つ必要があるということだ、と私は思います。ただ、必ずしも軍事力だけではなくて、ハーバード大学のジョセフ・ナイ氏[73]が指摘したように、ソフト・パワー[74]もあると思います。人びと

---

[73] 1990年代のクリントン政権下で国防次官補を務め、日米安保同盟の再確認に尽力しました。
[74] 軍事力や経済力等のハード・パワーに対する概念。文化や教育の力等を指します。

が魅力を感じてくれるようなもので、これもパワーだと思います。

　安全保障の面では、ハードの軍事力そのものももちろん大事でしょうが、それ以上に大事なのは、個々の人間だと思います。国民一人ひとりが、自分の国、自分の地域を守るという心構えを持っている。これも、ある意味でソフト・パワーかもしれません。ハードを強くするようなソフト・パワー。スイスや、軍事力を持たないコスタリカのようなイメージです。

　しかしスイスの人たちは、いざとなったら国民皆が戦います。そういう意識を持っているかどうかが、一番大事なのではないかと思います。先ほど、日本の防衛大臣だった田中さんの話をしました。彼が軍事問題専門家だと思っている人は多くないでしょう。そういう人たちが、国防の最高責任者、場合によっては若い人たちの命をあずかるようなポジションにいられるのも、アメリカの核の傘に守られているからです。アメリカの核に守られていなかったら、そんな人事は絶対にできないと私は思います。私が尊敬するリー・クアンユー氏[75]は、シンガポールの国父とも云われる人物です。現在、彼の最後の本となるインタビュー集を訳そうとしていますが、そのなかにこんなくだりがあります。「私はシンガポールの閣僚において、首相を除くと、最強で、もっとも有能な人間を国防大臣にあてた」。リー氏を日本に呼んで、国会の予算委員会をぜひ見学していただきたいと思います。

　和気　西本先生が「安心」「安全」ということをおっしゃっていたのは、まったく同感です。僕は、パキスタンやナイジェリアとか、治安の悪い任地で勤めていました。アフガニスタンや治安の悪いアフリカ諸国に出張したこともありました。安全を確保するには安心してはダメだと、スタッフに言っていました。日本では安心、安全が同義語

---

[75] シンガポールの元首相。同国を先進国並みに発展させただけでなく、アジアのオピニオンリーダーとして、その識見は世界で評価されました。

のように言われているのが気になります。

　国連では、起きる可能性がある危険に対してコンティンジェンシープラン[76]を作る努力をしました。何か起こったらどう動くかを前もって計画しておくのです。私の勤務した開発途上国では緊急事態を5段階にわけて、「今、フェーズ2にある」と言えば、スタッフは皆何をするかわかっていました。そういうコンティンジェンシープランが日本の組織にはあまりないような気がします。ただ、近年地方公共団体で防災プランができつつあるのは喜ばしいことだと思います。

　「安心」「安全」という言葉を深く考えずに、まるで同義語みたいに使っているのはやめたほうが良いと思います。安全確保には安心は禁物です。仕事の関係上、世界中90か国に行きましたが、安全なところはありませんでした。日本の原発安全神話も崩れました。外国人にとっても日本は安全な国ではないのです。それから、「復興」と「復旧」は同義語のように使われていますが、言葉が現実にどういうことを意味するのかもっとしっかり考える必要があると思います。東北は昔から差別待遇を受けてきたと思います。この際もっと長期的な「開発」の戦略を考えたほうが良いと思います。「復興」と「復旧」とは違います。もう少し言葉を丁寧に使って、言葉が現実的に何を意味するのか、それぞれのディフィニション（definition）を考える必要があると思います。

　治安の悪いパキスタンやナイジェリアでは、ユニセフの事務所長として職員と彼らの家族の安全を確保するために、常に注意を払い、積極的に情報を取ることを学びました。それでも私はナイジェリアでは武装強盗団に車で追いかけられました。幸運にも何とかユニセフの運転手の機転で逃れられました。それからは車に乗っていてもいつもキョ

---

[76] contingency plan（緊急時対応計画あるいは危機管理計画等）：事件・事故・災害等の不測の事態を想定して、対応策や行動手順をあらかじめ計画しておくこと。

ロキョロしながら、変な車が追ってくるのではないかとか、我々の車をブロックするような強盗が前方にいるのではないかと考えるようになりました。そうした日頃の心がけも必要だと思います。

今、日本で気になるのは、皆が不安を感じていることです。将来どうなるかわからず、日本でも金融危機が起こるかもしれない。そういうことを考えると不安になるのはわかるのですが、「不安」ではなく、「危機感」を持って欲しいと思います。明治維新で若者たちが動いたのは、おそらく皆、危機感を持っていたからです。「日本も植民地になるのではないか」「イギリス、フランスにやられるのではないか」と考え、何とか日本を強くし、日本の独立を維持しようと考えたのだと思います。そうした危機感を持っていたからこそ、情熱と勇気を持って日本の改革に取り組むことができたのです。私たちも倫理観と、論理と分析力を持って、発信する力をつける必要があると思います。

私が日本に帰ってから危機感を感じていることに、日本をとり巻く安全保障の問題があります。JF・ケネディ・スクール[77]という行政大学院がハーバード大学にあります。私は社会開発が専門ですが、そこでひと夏、国家・国際安全保障のエグゼクティブ・プログラムに参加しました。残念ながら日本からは誰も来ていませんでしたが、CIAの専門家やアメリカ陸海空の軍人、各国のミリタリー・アタッシェ等も来ていて、いっしょに安全保障の勉強をしました。私は、日本のこれからの国防の問題をどうするのか、日本が東アジアの平和に貢献するにはどうしたら良いか、経済の面でも、北朝鮮、中国、ロシア等とどうやって付き合っていくのか等を考えたかったのです。これは日本の繁栄にとって、日本の安全にとって非常に重要なテーマだと思います。そんなこともあり、近畿大学では、「平和学」という授業をして

---

[77] JF・ケネディ・スクール：ハーバード大学行政大学院（1936 年設立）が、1966 年に第 35 代大統領のジョン・F・ケネディの名を冠して、名称を変更したものです。

います。これからみなさんに危機感を持って、日本の直面する問題に勇気と情熱を持って対処してもらいたいというのが、私の願いです。なかでも若者にもっと元気を出して欲しい。それから女性に政治に積極的に参加してもらいたいと思います。

　Ph.D. を取得した人や、大学院や大学への進学率も、これからは女性のほうが増えると思います。これは、もう世界的な傾向です。医学部だって、もっと女性がいなくてはいけないのではないかと思います。

　ジェンダーの観点からいうと日本は遅れているように思います。大臣に女性が一人しかいないのは残念です。フランスでは、現在50％近くの女性がキャビネット・メンバーです。先ほどの小西先生のお話のように、女性力を発揮できる社会を構築する必要があります。女性と若者と家族に優しい社会を作り、若者の教育や研究にもっと投資する必要があります。これから皆さんが日本で生きていくためには、新しい創造的な活動をしなければいけません。生産拠点そのものは、どんどん他の国に移っていくと思います。

▶常識の背後にあるもの

　西本　鈴木先生、ブログで書いておられた、"常識"の背後にある力関係、どんなかたちで、常識や規範、あるいはスタンダードができあがっていくのかというあたりを、もう少しお話いただけますか。

　鈴木　"the Judeo/Greco/Christian tradition"「ユダヤ、ギリシャ、キリスト教の伝統」という言葉があります。誰がこのフレーズを作ったかといえば、西ヨーロッパの力のある国々です。ただしこのなかで最大にオミットされている言葉、能動的に、恣意的に欠落されている言葉があります。それはサラセン帝国、オスマン・トルコ帝国といった昔のイスラム帝国です。そのイスラム帝国がギリシャの古典文献をアラビア文字に翻訳し、その後さらにアラビア語からラテン語に翻訳

され、ルネッサンスに引きつがれていったのです。そういう大事な、重要な文化の継承地点であったイスラム帝国の役割を完全に無視した結果、欠落が起きているのに、これは常識になっているわけです。なぜなら力がある者がルールを作ってきたからです。

　日本でかつて不平等条約というのがありました。ペリー提督が来て、西洋諸国との間で日米修好通商条約が締結され、日本が開国をした時に作られたグローバル・スタンダードとは"治外法権"と"関税の自主権の喪失"です。その種本となったのは南京条約です。1842年、アヘン戦争を終結させて中国に押しつけられた不平等条約、それがグローバル・スタンダードでした。

　すべての行動規範は力のある者が作っていくのです。現在のネオ・リベラリズム、新しい自由主義といって、経済でも政治の面でもそうです。ソビエト連邦が1991年に崩壊した後の思想において、グローバル・スタンダードとは自由貿易です。そのスタンダードについていかなければいけないということでTPP[78]があり、WTO[79]があります。WTOに参加しなければ、貿易の利益をこうむることができないから、力のない途上国でもWTOに参加しなければならないのです。誰が得をするかと言えば、力のある西洋の先進国なのです。そういうことを考えれば、常識というのは、必ずしも自分のための常識ではないのだけれども、それを受け入れなければならないような状況に置かれているという、弱い者の悲哀です。

---

[78] TPP（Trans-Pacific Partnership）：環太平洋パートナーシップの略で、単なる物・サービスの自由化（関税の撤廃）だけではなく、資本、人材の行き来の自由、知的財産の遵守等を求めています。また、一般的に「自由貿易協定」と言われる"Free Trade Agreement"（FTA）は「経済提携協定」（"Economic Partnership Agreement（EPA）"）よりも広範囲な規制対象物を扱います。

[79] WTOは、1991年のソヴィエト連邦の崩壊を受け、自由貿易の障害とされる関税の全廃を目指す世界貿易機関で、1995年に設立されました。

▶日本の教育　真のリーダーを作るには

西本　それでは、学生諸君から意見を聞きたいと思います。これは君たちにレクチャーをしようという機会ではなくて、君たちに我々が挑戦して「こうだろう！」と言うと、「いや、そうではありません！」という反発の力を期待していたわけです。その期待に応えてください。まず、一番バッター、誰かいませんか。

学生1　総合政策学部3年生のWと申します。小西先生の話を聞いて、先生方に一つ質問があります。「学生が、先生に質問はたくさんするけれども、自分ではなかなか考えない」という話で、僕もそうだなとすごく感じています。そんな学生が増えてしまった原因の一つに、日本の戦後の教育制度があると思うのです。僕は小学校を上海で過ごして、日本の教育は中学から受けたのですが、上海ではとにかく自分の意見を言うように教育を受けて、授業中に先生の話をただ聞いて、黙っているということはほとんどなかった。それが日本に帰国すると、みんな静かで誰もしゃべらないし、寝ているか、何か違うことをしている。先生が一人でしゃべっていることに違和感を覚えて、それが一つのカルチャー・ショックだったのです。

あとは受験制度ですが、日本の受験制度は計算力、暗記力、読解力を試して、それが18歳の段階である程度優れていると、ある程度の大学に入れる。裏を返せば、構成力や創造力は問われず入学する。批判になってしまうかもしれないのですが、良い大学に入ったら、ちょっと有頂天になっている人も何人かいるような気がします。日本の教育制度を変えないかぎり、グローバル・スタンダードを身に付けた人材は育たないと思います。今後、日本の教育制度をどのように変えていけば良いか、意見を聞きたいです。

西本　非常に良いポイントですね。もう一人聞きましょう。

学生2　総政4回生のFと申します。和気教授と小池教授のお二人ともに出てきた話題で「官僚」や「リーダーの育成」等について、先ほど質問された和田さんと同様に、おそらく教育に問題があると思うのです。そこで「リーダーを作る力」というか、「リーダーに必要な要素とは何か」をお聞きしたい。あるいは、実際にいろいろな生徒を教える際に、どんなことを学んで欲しいと考えているのか。短い大学4年間で、特にここだけは今勉強して欲しい、こういうことを経験して欲しいということがあれば、ご意見を聞きたいと思います。

　西本　小西先生、今の質問にお答えいただけますか？

　小西　日本の教育制度をどのように変えていくべきか……。非常に難しい、重要な問題ですので、簡単にここで答えが出せるものではありませんが、一つの側面から見えてくるのは、教員の資質、また教員免許のシステム等にも踏み込んだ検討をして、改革をしていく必要があるのではないかということです。新たな制度を導入したとしても、実際に指導をする先生、要は「人」のトレーニングだったり、意識改革だったり、また教員のモチベーションをどのように保つのか……。近年、教員のうつ病や過労等が問題視されていますし。ハード（制度面）とソフト（人材）双方の整備が同時に行われるべきです。日本の教育制度がすべて悪く、欧米の教育制度が良いとは一概には言えないでしょう。ただ、これだけ日本を取り囲む環境が激変しているのに、現在の日本の教育制度はあまりにも硬直的かと思います。子ども達の視野を広げ、関心を広げる教育をするためには、時代にあった柔軟で多様な教育システムであるべきです。特にグローバル化のなかで、今後、必要な人材の育成ということを考えると、教育内容を変えていくにも、先ほど話したハードとソフトの大胆な改革が必要ですし、それを実行できる強いリーダーシップが日本に欲しいですね。

　鈴木　異論があるかもしれませんが、僕は「自分ではなく、第三者

や制度がダメだから、こうなったのだ」という質問の設定と回答の出し方自体が、何かおかしいのではないかと思います。

　すべて自助なのです。自らを助けるという基本的な心構え。日本人の選手であろうと、芸能であろうと、すべて世界的に活躍している人が同じことを言っています。スティーブ・ジョブズもしかりです。自分の好きなことを、根気強く、続けて、諦めるなと。それだけです。自分のやりたいことを一生懸命、力を出してやっていけばできるのです。

　その一方で、ゼミで看護師や介護士の問題をとりあげ、「インドネシアから訓練に来た人が、せっかく試験に受かったのに帰国することになった」等の話が議題として上がった時に、学生から出てきたのは、「そんなことを言っても、外国人の人はねえ、心配だものねえ」という意見でした。何回も外国に旅行して、インターンやボランティアに行っても、基本的な考えがまったく変わっていないという現実。僕は、ほんとうに悲しいと思います。そういう自らの心構えを、態度を変えていかないかぎり、グローバル・スタンダードを新たに日本から発信しようなんて言ったって、これは無理です。

　西本　それでは和気先生、そして、小池先生も。
　和気　私は高校を卒業し、学部からアメリカの大学に留学しました。最近コロンビア大学の東アジア研究所に行きましたが、教育の基本として、大学の最初の2年間は古典を学ぶのは50年前と変わっていませんでした。学生に読ませる教科書も80％は私の時代と同じだったのに驚きました。ギリシャ神話からいわゆる中世、近代史、西洋思想史まで、コロンビア大学の学部の学生は、西洋文明を構築した古典の本を勉強していました。日本の昔の旧制高等学校の教育はそういうことだったと思います。総政のプログラムを見ても、私が大学院と学部の5年半の間にやっていたことを4年間でやるようなことになっ

ている気がします。それでどうしても教養学的な教育が限られてきています。社会の要請もあるからでしょうか、学生には早く役に立つ技術と知識を持たせるようにしているのだと思います。

　これからは日本の文化の他に、インドや中国の文化、西洋文化もある程度知っておいたほうが良いでしょう。日本、中国や西洋の古典を強調した1、2年間の教養課程と、グローバル社会に必須な英語をしっかりやることが、将来のリーダーを作るのには大切だと思います。全人間的な成長を助ける江戸時代の塾のような大学を目指すのも、社会に変革をもたらすリーダーを育成するのに役に立つと考えていただきたいと思っています。

　小池　教育に関する質問には、簡潔にこう答えたいと思います。小学校の頃からプレゼンテーションのクラスをもつべきだし、政治を教えるべきだと思います。これはアメリカのように、ですね。個人の心構えも大事ですが、カリキュラムはけっこう重要ですから、そのへんからも変えていく。

　それから、小学校からバイリンガルで教えることをやったほうが、私は良いと思います。私は英語が得意ではないし、英語が好きでもないのですが、残念ながらグローバル言語は英語なので、バイリンガルで教えたほうが良い。その結果、成績が悪くなるという指摘もありますが、アメリカでの実験では、バイリンガルで教育を受けた生徒のほうが成績が良かったという話も聞きました。

　リーダーシップに関する質問ですけれども、指導者たる者はやはり自己犠牲ができる人だと思います。そういう人間をどう育てるかという問題です。過去には、たとえば高橋是清[80]とか、政策に命をかけた人

---

[80] 明治から昭和にかけて活躍した政治家で、首相や蔵相を務めました。軍部の軍事費拡大要求を抑え込んだことから、1936年の2.26事件で青年将校らによって暗殺されます。

がいました。そういう人が現在いるかどうか、ぜひ皆さん、見とどけていただきたい。

　もちろん古典を読むことも大事です。ただ、古典というのは、ややもすると、個人を美化しています。ですから、やはり生身の人間、今現在に起こっている、政策に携わっている人たちについて、できるだけ多くの情報を集めて評価していただきたいと思います。

　西本　マーク・ソーヤー先生、最後にひと言。

Sawyer　The last word. Actually, I have a lot to say, but I won't be able to say it. I thought that W-san's question was a very good one, and I personally think there's very big fundamental problems with the Japanese educational system. But on the other hand, I think that individual initiative towards self-development and towards creating a better future for the world is crucial for each one of you.

　But one reason why that's a problem is because many of you were focused very much on diligent memorizing so that you could pass exams and go on to the next level, and you succeeded in getting into Kwansei Gakuin School of Policy Studies. So your goals were very focused on passing tests. When you get into the university, you no longer have that goal, and it's kind of hard to redirect your focus into a meaningful direction.

　I'm always struck by the difference in atmosphere between American universities and Japanese universities. So I'm very happy when I have a chance to visit an American university on sabbatical or for a conference or to see my kids or to take my "zemi" students. Because it's so different that students...

　First of all, going to an American university, it's a big change in an American kid's life. He's becoming independent. That's very strongly in the consciousness. "I am now responsible for my own thinking. The university is the place to think, and develop myself, and to figure out how to make a better world."

　That kind of feeling is kind of diluted in Japan, but coming back maybe in "Sosei," and each of you has a chance to do that. I strongly feel that it will be a better world if you do.

　Today it felt almost like an American classroom. Everyone seemed to be paying close attention, listening, feeling interested. I could see your minds moving. It was really, really nice.

　But what you need to do is take it out of the classroom. Continue talking about these kind of issues, serious talk, moving towards a better future, and actually doing things. Thank you.

西本　せっかく良い議論になってきましたが、時間がなくなってしまいました。学生諸君に約束したいのは、今日のパネル・ディスカッションの内容はリブレットのような形で、出版したいと思います。今日は参加していただいて、ありがとうございました。

K.G. りぶれっと No. 32
日本の常識、世界の非常識
　　グローバル・スタンダードを考える

2013 年 8 月 15 日 初版第一刷発行

編　者	関西学院大学総合政策学部
発行者	田中きく代
発行所	関西学院大学出版会
所在地	〒 662-0891
	兵庫県西宮市上ケ原一番町 1-155
電　話	0798-53-7002
印　刷	協和印刷株式会社

©2013　Printed in Japan by Kwansei Gakuin University Press
ISBN 978-4-86283-142-2
乱丁・落丁本はお取り替えいたします。
本書の全部または一部を無断で複写・複製することを禁じます。
http://www.kwansei.ac.jp/press

関西学院大学出版会「K・G・りぶれっと」発刊のことば

大学はいうまでもなく、時代の申し子である。

その意味で、大学が生き生きとした活力をいつももっていてほしいというのは、大学を構成するもの達だけではなく、広く一般社会の願いである。

研究、対話の成果である大学内の知的活動を広く社会に評価の場を求める行為が、社会へのさまざまなメッセージとなり、大学の活力のおおきな源泉になりうると信じている。

遅まきながら関西学院大学出版会を立ち上げたのもその一助になりたいためである。

ここに、広く学院内外に執筆者を求め、講義、ゼミ、実習その他授業全般に関する補助教材、あるいは現代社会の諸問題を新たな切り口から解剖した論評などを、できるだけ平易に、かつさまざまな形式によって提供する場を設けることにした。

一冊、四万字を目安として発信されたものが、読み手を通して〈教え―学ぶ〉活動を活性化させ、社会の問題提起となり、時に読み手から発信者への反応を受けて、書き手が応答するなど、「知」の活性化の場となることを期待している。

多くの方々が相互行為としての「大学」をめざして、この場に参加されることを願っている。

二〇〇〇年 四月